**Kommunikationsprüfung –
Mündliche Prüfungen in der Oberstufe
Französisch**

Kommunikationsprüfung –
Mündliche Prüfungen in der Oberstufe
Französisch

von
Martina Angele
Gabriele Lämmle
Steffen Obeling
Inge Rein-Sparenberg

Ernst Klett Sprachen
Stuttgart

1. Auflage 1 ¹¹ ¹⁰ ⁹ ⁸ ⁷ | 2026 25 24 23 22

Alle Drucke dieser Auflage sind unverändert und können im Unterricht nebeneinander verwendet werden.
Die letzte Zahl bezeichnet das Jahr des Druckes. Das Werk und seine Teile sind urheberrechtlich geschützt. Jede Nutzung in anderen als den gesetzlich zugelassenen Fällen bedarf der vorherigen schriftlichen Einwilligung des Verlags.
Die in diesem Werk angegeben Links wurden von der Redaktion sorgfältig geprüft, wohl wissend, dass sie sich ändern können. Die Redaktion erklärt hiermit ausdrücklich, dass zum Zeitpunkt der Linksetzung keine illegalen Inhalte auf den zu verlinkenden Seiten erkennbar waren. Auf die aktuelle und zukünftige Gestaltung, die Inhalte oder die Urheberschaft der verlinkten Seiten hat die Redaktion keinerlei Einfluss. Deshalb distanziert sie sich hiermit ausdrücklich von allen Inhalten aller verlinkten Seiten, die nach der Linksetzung verändert wurden. Diese Erklärung gilt für alle in diesem Werk aufgeführten Links.

© Ernst Klett Sprachen GmbH, Rotebühlstraße 77, 70178 Stuttgart, 2014.
Alle Rechte vorbehalten.
Internetadresse: www.klett-sprachen.de

Redaktion: Sylvie Cloeren
Layoutkonzeption: Elmar Feuerbach
Gestaltung und Satz: bostext, Friolzheim
Druck und Bindung: Digitaldruck Tebben GmbH, Biessenhofen

Printed in Germany
ISBN 978-3-12-525618-7

Inhaltsverzeichnis

I Einblick /Überblick der Prüfungen in den verschiedenen Bundesländern (GeR, Bildungsstandards) 6
    1 Einführung 6
    2 Hinweise zu den verschiedenen Formaten 9
    3 Beschreibung der Prüfung mit Prüfungsphasen 10
        3.1 Anforderungen 10
        3.2. Formate 10
        3.3. Organisation 11

II Vorbereitung der mündlichen Prüfung 13
    1 Gestaltung des unterrichtlichen Rahmens:
      „Wie kann die Prüfungsvorbereitung integriert werden?" 13
        1.1 Integration der Prüfungsvorbereitung in den Unterricht 13
        1.2 Planungsmatrix zur Unterrichtsgestaltung 14
        1.3 Evaluation von mündlichen Kompetenzen 16
    2 Förderung von Sprechkompetenzen:
      „Was benötigen die Schüler für die Prüfung?" 17
        2.1 Förderung des monologischen Sprechens 17
        2.2 Förderung des dialogischen Sprechens 21
        2.3 Sprachliche Mittel und Strategien zur Beschreibung 23
        2.4 Sprachliche Mittel für Rückmeldungen an Mitschüler 25
        2.5 Material zur Förderung weiterer Kompetenzen 26
    3 Materialien zum Vorbereiten und Üben:
      „Wie können Schüler für die Prüfung trainieren?" 27
        3.1 Décrire une photo 27
        3.2 Parler d'un tableau 29
        3.3 Présenter des publicités 30
        3.4 Présenter des affiches de films 31

III Prüfungsbeispiele 32
    für Baden-Württemberg 32
    für Hessen 66
    für Nordrhein-Westfalen 106

Bildquellennachweis 128

IV CD-ROM
    Materialien zum Vorbereiten und Üben in Farbe
    Alle Prüfungen in Farbe
    Erwartungshorizonte

In den Lehrerhinweisen verwendete Abkürzungen

KV   Kopiervorlage
SuS   Schülerinnen und Schüler
LuL   Lehrerinnen und Lehrer

I Einblick/Überblick der Prüfungen in den verschiedenen Bundesländern (GeR, Bildungsstandards)

1 Einführung

Bezugnehmend auf eine höhere Gewichtung der Mündlichkeit im modernen Fremdsprachenunterricht werden in verschiedenen Bundesländern Prüfungsformate verankert, in denen die SuS mündliche Darstellungs-, Diskurs- und Interaktionsfähigkeit nachweisen sollen.

Inhaltliche Grundlage dieser Leistungserhebungen sind die jeweiligen Bildungsstandards, die Zielsetzung besteht darin, verschiedene Teilkompetenzen im Bereich „Sprechen" innerhalb bekannter Themenfelder sichtbar zu machen.

Nicht zuletzt aufgrund der einvernehmlichen Einschätzung der direkten Nutzbarkeit der fremdsprachlichen mündlichen Kompetenzen im späteren Berufsleben besteht in der Eltern- und Lehrerschaft, aber auch bei Schülerinnen und Schülern Einigkeit darüber, dass diese kommunikativ-interaktive Zielsetzung und auch ihre entsprechenden Prüfungsformate sinnvolle Komponenten des kommunikationsorientierten Fremdsprachenunterrichts darstellen. Dies passt zur allgemeinen Beobachtung, dass die Prüfungsformate trotz z.T. geäußerter Bedenken, die Vorbereitung im Unterricht in großen Lerngruppen adäquat gestalten zu können, grundsätzlich auf breite Zustimmung stoßen.

Der GeR konkretisiert die Zielsetzung im Bereich Sprechen (Niveau B2) wie folgt:
- Kann sich so spontan und fließend verständigen, dass ein normales Gespräch mit Muttersprachlern ohne größere Anstrengung auf beiden Seiten gut möglich ist.
- Kann sich zu einem breiten Themenspektrum klar und detailliert ausdrücken, einen Standpunkt zu einer aktuellen Frage erläutern und die Vor- und Nachteile verschiedener Möglichkeiten angeben.

Damit ist die Ausrichtung in monologisches und dialogisches Sprechen klar definiert.
Beide Teilbereiche spiegeln sich im Aufbau der Prüfung wieder, folgende Teilkompetenzen werden u.a. sichtbar:

1.1 Baden-Württemberg

Monologisches Sprechen

Die Schülerinnen und Schüler können
- detailliert über Ereignisse und Erfahrungen berichten und ihre Ansichten, Pläne oder Handlungen erläutern oder begründen
- Vorgänge beschreiben, vertraute Sachverhalte zusammenfassen und bewerten, gegebenenfalls ausgehend von Stichwörtern, visuellen oder auditiven Impulsen. Dabei wenden sie die sprachlichen Mittel weitgehend korrekt an
- im Rahmen der Textarbeit mit fiktionalen und nichtfiktionalen Texten Ergebnisse inhaltlich korrekt und strukturiert darstellen und kommentieren
- eine Präsentation zusammenhängend und so klar vortragen, dass das jeweilige Publikum gut folgen kann; dabei können sie Nachfragen aufgreifen und Erläuterungen geben
- sich in einem Vorstellungsgespräch/Interviewgespräch präsentieren und behaupten

Dialogisches Sprechen

Die Schülerinnen und Schüler können
- sich im Alltag und in der Ausbildung aktiv und situationsgerecht an Gesprächen beteiligen, eigene Beiträge leisten sowie geeignete, einfache Gesprächsstrategien flexibel einsetzen. Je nach Vertrautheit mit dem Thema sind Rückfragen, Präzisierungen und Umschreibungen notwendig

- Gedanken und Meinungen äußern, eine eigene Position sachlich vertreten und die Vor- und Nachteile verschiedener Möglichkeiten darlegen
- an Diskussionen teilnehmen; in der lebhaften Debatte mit Muttersprachlern ist die Kommunikationsleistung allerdings eingeschränkt
- Gefühle ausdrücken und auf entsprechende Gefühlsäußerungen anderer angemessen reagieren, wobei sie sich auf die Situation und die Gesprächspartner einstellen
- eigene Lektüre- und Arbeitsergebnisse in ein Gespräch oder eine Diskussion einbringen

1.2 NRW

Kompetenzerwartungen am Ende der Qualifikationsphase (Grundkurs)

Sprechen: an Gesprächen teilnehmen
Die Schülerinnen und Schüler können sich an Gesprächen in einzelnen Fällen auch zu weniger vertrauten und ggf. abstrakten Themen situationsangemessen, adressatengerecht und weitgehend flüssig beteiligen.
Sie können

- in informellen Gesprächen und Diskussionen Erfahrungen, Erlebnisse und Gefühle flüssig einbringen, Meinungen und eigene Positionen vertreten und begründen sowie divergierende Standpunkte abwägen, bewerten und kommentieren,
- sich unter Beachtung kultureller Gesprächskonventionen in unterschiedlichen Rollen an formalisierten Gesprächssituationen aktiv beteiligen und interagieren,
- bei sprachlichen Schwierigkeiten Kompensationsstrategien funktional anwenden.

Sprechen: zusammenhängendes Sprechen
Die Schülerinnen und Schüler können zu in einzelnen Fällen auch weniger vertrauten Themen zusammenhängend sowie situationsangemessen und adressatengerecht sprechen.
Sie können

- ihre Lebenswelt, Persönlichkeiten, Ereignisse, Interessen und Standpunkte weitgehend differenziert darstellen, kommentieren sowie von Erlebnissen, Erfahrungen und Vorhaben weitgehend klar und detailliert berichten,
- Sachverhalte, Handlungsweisen und Problemstellungen erörtern, dabei wesentliche Punkte in angemessener Weise hervorheben und dazu begründet Stellung nehmen,
- sprachlich bzw. inhaltlich komplexere Arbeitsergebnisse darstellen, auch längere Präsentationen darbieten, kommentieren und ggf. auf Nachfragen eingehen,
- Texte kohärent vorstellen, problematisieren und kommentieren.

Kompetenzerwartungen am Ende der Qualifikationsphase (Leistungskurs)

Sprechen: an Gesprächen teilnehmen
Die Schülerinnen und Schüler können sich an Gesprächen auch zu weniger vertrauten und ggf. abstrakten Themen situationsangemessen, adressatengerecht und flüssig – auch spontan und sprachlich differenziert – beteiligen.
Sie können

- in informellen Gesprächen und Diskussionen flexibel, spontan und flüssig Erfahrungen, Erlebnisse und Gefühle einbringen, Meinungen und eigene Positionen differenziert vertreten und begründen sowie Meinungen abwägen, kommentieren und bewerten,
- sich unter Beachtung kultureller Gesprächskonventionen in unterschiedlichen Rollen an formalisierten Gesprächssituationen beteiligen und flexibel interagieren,
- bei sprachlichen Schwierigkeiten Kompensationsstrategien selbstständig funktional anwenden.

Sprechen: zusammenhängendes Sprechen
Die Schülerinnen und Schüler können zu auch weniger vertrauten Themen zusammenhängend sowie situationsangemessen und adressatengerecht sprechen.
Sie können
- ihre Lebenswelt, Persönlichkeiten, Ereignisse, Interessen und Standpunkte differenziert darstellen, kommentieren und von Erlebnissen, Erfahrungen und Vorhaben klar und detailliert berichten,
- anspruchsvolle Sachverhalte, Handlungsweisen und Problemstellungen erörtern, dabei entscheidende Punkte in angemessener Weise hervorheben und dazu differenziert und begründet Stellung nehmen,
- sprachlich bzw. inhaltlich komplexe Arbeitsergebnisse strukturiert, detailliert und flüssig präsentieren und kommentieren, dabei ggf. spontan und flexibel vom vorbereiteten Konzept abweichen und auf Nachfragen eingehen,
- Texte kohärent vorstellen, problematisieren und differenziert kommentieren.

1.3 Hessen

Für alle Aufgabenteile gilt: Die Prüflinge können
- sich zu einem breiten Themenspektrum klar und detailliert ausdrücken (Globalskala Sprechen),
- sich spontan und fließend ausdrücken (an Gesprächen teilnehmen) und
- eine klare und detaillierte Darstellung zu Themen aus ihrem Interessengebiet geben (zusammenhängendes Sprechen).

Monologisches Sprechen
Die Prüflinge können
- sich auf der Basis einer Unterrichtssequenz aus dem gegebenen Halbjahr impulsgesteuert äußern,
- Vor- und Nachteile verschiedener Optionen angeben,
- ihre Meinungen äußern,
- auf die Meinung anderer Bezug nehmen und eingehen sowie
- einen Standpunkt erläutern

Dialogisches Sprechen
Die Prüflinge können
- sich in vertrauten Situationen aktiv an einer Diskussion beteiligen,
- einen Standpunkt zu einer aktuellen Frage erläutern,
- ihre Äußerungen angemessen einleiten,
- ihre Beiträge mit denen anderer verknüpfen und damit zum Fortgang des Gesprächs beitragen.

2 Hinweise zu den verschiedenen Formaten

Im Folgenden finden Sie eine Übersicht über die derzeitigen Formate in den Bundesländern Baden-Württemberg, Nordrhein-Westfalen und Hessen.
Die Vorbereitungstipps und die Prüfungsvorschläge aus den drei Bundesländern können an die Bedingungen jedes anderen Bundeslandes angepasst werden.

	Monologischer Teil	Dialogischer Teil	Einzelprüfung	Tandemprüfung	Gruppenprüfung
Baden-Württemberg: • im Rahmen der schriftlichen Abiturprüfung • Vorbereitungszeit: 15 Min. • Prüfungszeit: je Monolog 5 + Dialog 10 Min.	Präsentation eines Themas, ausgehend von Bild- und/oder kurzem Textimpuls	Vertiefung des Themas durch dialogischen Austausch	X	X	
NRW: • eine obligatorische mündliche Prüfung als Klausurersatz in der Qualifikationsphase • Vorbereitungszeit: GK: 20 Min., LK: 30 Min. • Prüfungszeit: GK: 20–30 Min., LK: 25–35 Min. (Tandemprüfungen)	Kurzanalyse eines Textes, Bildes oder Cartoons. Auch eine in häuslicher Arbeit vorbereitete Präsentation ist möglich.	Der zweite Prüfungsteil sollte Bezug auf den ersten Prüfungsteil nehmen, so dass die am Gespräch beteiligten Personen in eine Diskussion oder Podiumsdiskussion einsteigen können.	X	X	(X) 3–4 Prüflinge, nur eingeschränkt empfohlen
Hessen: • Ersatz einer Klausur im LK (Q3 oder Q4) durch mündliche Kommunikationsprüfung • Vorbereitungszeit: 10 Min. • Prüfungszeit: 10 Min. (2 Min. warming up, je 2 Min. Monolog, 4 Min. Dialog)	Präsentation eines Themas, ausgehend von Bild- und/oder kurzem Textimpuls	Vertiefung des Themas durch dialogischen Austausch		X	bis zu 3 Teilnehmer

3 Beschreibung der Prüfung mit Prüfungsphasen

3.1 Anforderungen

3.1.1 Monologischer Teil

Die Hauptanforderung dieses Teils besteht darin, den Informationsgehalt des vorliegenden Impulses sachlogisch und strukturiert vorzustellen, sein interpretatorisches Potential zu präsentieren und persönlich Stellung zu beziehen.

In der Regel erfolgt die monologische Darstellung daher einem progressiven Anforderungsprofil:
EPA I: Beschreibung (z.B. eines Bildes) bzw. Präsentation des Impulses (z.B. eines Zitats)
EPA II: Analyse bzw. Interpretation des Impulses
EPA III: Kommentar bzw. Beurteilung des Impulses
Die Anforderungsprofile der EPA entsprechen den Aufgabenbereichen und deren Operatoren (AFB I: Beschreibung, Darstellung, Reproduktion; AFB II: Analyse, Reorganisation, Transfer, AFB III: Reflexion, Problemlösung).

3.1.2 Dialogischer Teil

Die Hauptanforderung dieses Teils besteht darin, die Ausgangssituation kommunikativ so umzusetzen, dass zwischen den Dialogpartnern ein inhaltlich aspektreiches und kommunikativ gelingendes Gespräch geführt werden kann.

Wichtig für den Nachweis der Diskursfähigkeit sind Inhaltsbezogenheit, argumentative Anlage der Redebeiträge, die Fundiertheit der Darstellung der eigenen Position, die Fähigkeit zur konstruktiven Lösungsorientierung, die Flexibilität im Umgang mit dem Gesprächspartner, etc.

3.2 Formate

3.2.1 Monologischer Teil

Dieser Teil der Prüfung kann durch unterschiedliche Ausgangsmaterialien gestützt werden:
- Bildimpulse wie Fotos, Karikaturen, Gemälde, Werbung, Filmplakate, Standbilder, Buch- oder Filmcover, Ausschnitte aus BDs, Cartoons, ...
- Grafiken und Statistiken
- Kurze Zitate
- Schlagzeilen
- Kurze Textausschnitte aus Zeitschriften, Blogs etc.

Dabei ist darauf zu achten, dass der Impuls mehrdimensional nutzbar ist, d.h. eine Einordnung in einen größeren Zusammenhang zulässt, Interpretation(en) ermöglicht und klar ein Thema benennt, zu dem der Schüler eine eigene Meinung beziehen kann.

Tragfähig ist ein Impuls besonders dann, wenn er auch interkulturelles Potential aufweist und sich dadurch noch eine zusätzliche Präsentationsebene für den Schüler ergibt, die er ggfs. nutzen kann.

Es empfiehlt sich, für den Monolog nur *einen* visuellen Impuls zur Verfügung zu stellen (außer bei einem expliziten Bildvergleich oder evtl. bei einer kurzen Folge von Bildern aus einer BD), evtl. in Kombination mit einem kurzen Textimpuls.

3.2.2 Dialogischer Teil

Diesem Teil der Prüfung liegt eine komplexe Kommunikationssituation zugrunde, deren Inhalt mit dem Monolog in Verbindung steht, jedoch das Thema vertieft oder weiterführende Aspekte beleuchtet, so dass keine Überschneidungen mit dem Monolog auftreten.

Am günstigsten erweist es sich,
- wenn die Aspektvielfalt des Themas schon in der Aufgabenstellung expliziert wird (z. B. Reflexion von sozialen Problemen unter einem politischen, ökonomischen, psychologischen, ethisch-moralischen… Blickwinkel),
- wenn facettenreiche gemeinsame Projekte oder Pläne entwickelt werden sollen (z. B. eine gemeinsame Reise mit einem bestimmten Ziel…)
- wenn es eine Art „Aushandlungssituation" gibt, in der die Gesprächspartner zu einer gemeinsamen Lösung (z. B. Entscheidung für ein bestimmtes Logo / ein Bild für eine Veranstaltung, eine Maßnahme in einem bestimmten Kontext…) kommen müssen…

Bei der Verwendung von Rollenspielen ist zu berücksichtigen, dass es so angelegt werden soll, dass der diskursive Charakter des dialogischen Teils erhalten bleibt. Es muss auch sorgfältig darauf geachtet werden, dass die Prüflinge sich nicht in eine Rolle begeben müssen, die sie aufgrund mangelnder Erfahrung oder der Unmöglichkeit authentischer Einfühlung nicht einnehmen können (z. B. Rolle als *immigré* in Frankreich, etc.) Beim Einsatz von Interview-Situationen besteht die Gefahr der kommunikativen Einschränkung eines Sprechers (z. B. ist die Interviewer-Rolle stark durch die Formulierung von Fragen geprägt).

3.3 Organisation

Schulinterne Voraussetzungen:

3.3.1 Personell

Es sollte sich ein Kollegenteam finden, welches die Prüfungsvorschläge rechtzeitig (ca. 3 Wochen vor der Prüfung) gemeinsam sichtet und evaluiert.
Dabei geht es insbesondere um folgende Qualitätskriterien:

- Besitzen die Prüflinge ausreichend Hintergrundwissen zum Thema?
- Verfügen sie über die notwendigen lexikalischen Kenntnisse innerhalb des Themenbereichs?
- Ist das gewählte Thema ergiebig genug? Trägt es für den Monolog und den Dialog?
- Sind die Ausgangsmaterialien für den Monolog so gewählt, dass es nicht zu Überschneidungen mit dem Partnermonolog und dem Dialogteil kommt?
- Sind die Anforderungen im Monologteil bei Tandem- oder Partnerprüfungen vergleichbar?
- Geht die Dialogsituation stringent aus dem Inhalt der Monologphase hervor?
- Stellen die ausgewählten Impulse eine ausreichende Basis für die entsprechende Prüfungszeit dar?
- Gibt es noch Spielraum für weiterführende Impulse, falls die Prüfung inhaltlich stockt und der Prüfende unterstützend eingreifen muss?
- Welche Zusatzimpulse stehen zur Verfügung, falls weitere Anregungen nötig werden?
- Sind die Anforderungen der einzelnen Prüfungen (in Bezug auf alle Prüfungen) inhaltlich und sprachlich vergleichbar?

3.3.2 Räumlich

Der Vorbereitungs- und der Prüfungsraum sollten in räumlicher Nähe liegen.

Es muss eine Aufsicht für den Vorbereitungsraum (und den Flur, sofern Aufgaben in 2 hintereinander liegenden Prüfungen verwendet werden) vorgesehen werden.

Der Prüfungsstress kann durch die Raumgestaltung reduziert werden (Sitzordnung, Getränke,...).

3.3.3 Mögliche Durchführung

Prüfungen in Parallelkursen können parallel stattfinden, so dass eine Prüfung gleichzeitig in 2 Gruppen eingesetzt werden kann. Wenn sich ausschließen lässt, dass sich die Prüflinge zweier hintereinander liegender Prüfungen austauschen können, so können auch in 2 oder mehr aufeinanderfolgenden Prüfungen die gleichen Materialien verwendet werden. Das ist nicht nur arbeitsökonomisch, sondern auch im Hinblick auf eine Vergleichbarkeit in der Bewertung wünschenswert.

Die Protokollbögen sollten erprobt sein (z. B. in Vorübungen mit Schülern), um die kriteriengestützte Bewertung sicher und zügig durchführen zu können. Für den Prüfenden ist es eine große Herausforderung, das Prüfungsgeschehen aktiv zu gestalten und gleichzeitig bewertende Beobachtungen zu machen. Für den Bewertenden besteht die Anforderung, 2 (oder mehr) Personen gleichzeitig einzuschätzen.

Daher sollte genügend Zeit zur Notenfindung eingeplant werden, besonders, wenn für diese Form der Prüfung noch wenige Erfahrungen vorliegen. So werden 5–10 Minuten als ein Minimum für Notenfindung und Regeneration der Prüfer angesehen. In Anbetracht der kurzen Zeitraster ist es wichtig, Teams zu bilden, die aufeinander eingestimmt sind.

Auch die Zahl der an einem Tag zu leistenden Prüfungen ist sorgfältig zu überdenken, da der Notwendigkeit permanent hoher Präsenz der Prüfenden Rechnung getragen werden muss.

3.3.4 Tipps zur Materialsuche

Für Statistiken und Videosequenzen eignen sich die folgenden Internetadressen:
- Statistiken www. insee.fr; http://www.statistique-publique.fr/
- Videos http://www.gouvernement.fr/toutes-les-videos ...

Es bietet sich auch an, Materialien aus Lehrerhandreichungen zu nutzen, da die Themen und Kontexte den Schülern vertraut sind und Bildanlässe, die in ähnlicher Form im Unterricht versprachlicht wurden, motivierend wirken können.

Zentrale Kriterien für geeignete Bilder:
- Ästhetische Präsentation
- ausreichende Bildgröße
- Vielschichtigkeit (mehrere Beschreibungsebenen, Konstruktionsmerkmale wie Farben, Licht, Positionierung der Inhalte etc.)
- Offenheit (Einordnung in „Vorher" und „Nachher")
- Aktualität bzw. klare historische Zuordnung
- Möglichkeit der Anbindung an ein übergeordnetes Thema
- Problematisierungsgehalt
- Interkultureller Gehalt

Bei Karikaturen muss darauf geachtet werden, dass die impliziten Referenzen für den Prüfling erschließbar sind. Oft werden bestimmte politische Ereignisse thematisiert oder politisch markante Persönlichkeiten dargestellt, die nur durch Einbezug spezieller Kenntnisse verständlich werden. Mit Vokabelangaben kann in dieser Hinsicht ein (dosierbares) Hilfsangebot geschaffen werden.

II Vorbereitung der mündlichen Prüfung

Wie die Kommunikationsprüfung im Unterricht vorbereitet werden kann, soll in diesem zweiten Kapitel dargestellt werden (Teil 1). Zusätzlich werden Sprachmittel und Strategien vermittelt, die die SuS in Übungs- und Prüfungsphasen nutzen können. (Teil 2). Materialien für die Vorbereitung konkreter Prüfungsthemen bilden den Schluss des Kapitels (Teil 3).

1 Gestaltung des unterrichtlichen Rahmens: „Wie kann die Prüfungsvorbereitung integriert werden?"

Die Vorbereitung der Kommunikationsprüfung / mündlichen Prüfungen findet in der Regel nicht außerhalb des Unterrichts statt. Zwar ist es beispielsweise möglich, eine intensive Trainingseinheit oder eine Simulation der mündlichen Prüfungen in Form einer Nachmittags- oder Samstagsveranstaltung anzubieten, jedoch sollte der Unterricht im Normalfall so gestaltet werden können, dass die **Förderung der für die mündliche Prüfung nötigen Kompetenzen** verzahnt wird mit den Inhalten und Formaten eines regulären Kursunterrichts.

1.1 Integration der Prüfungsvorbereitung in den Unterricht

Bezugnehmend auf die in Kapitel I vorgestellten Formate der Mündlichkeit lassen sich folgende **Kompetenzbereiche** aufschlüsseln, die für die Vorbereitung eines jeden Prüfungsthemas im Unterricht herangezogen werden sollten:

1. Kompetenzbereich: Zusammenhängendes Sprechen
2. Kompetenzbereich: An Gesprächen teilnehmen
3. Kompetenzbereich: Verfügbarkeit sprachlicher Mittel und sprachliche Korrektheit
4. Kompetenzbereich: Kompetenzen des Umgangs mit Texten und Medien
5. Kompetenzbereich: Orientierungswissen/ Interkulturelle Kompetenzen
6. Kompetenzbereich: Methodische Kompetenzen des selbstständigen und kooperativen Sprachenlernens

Aus diesen Bereichen lässt sich eine **Planungsmatrix** erstellen, die als Schablone für alle Themen und Sequenzen verwandt werden kann, zu denen eine mündliche Prüfung vorbereitet werden sollte. Die Planungsmatrix kann als Hilfestellung dazu dienen, die jeweilige Unterrichtssequenz hinsichtlich einer strukturierten und methodisch-inhaltlich verzahnten Vorbereitung auf das mündliche Prüfungsformat auszurichten. Zu bedenken ist, wie bereits in Kapitel I angesprochen, dass bei der Planung insbesondere folgende Kriterien an die Auswahl der Unterrichtsinhalte und -medien (Kompetenzbereiche Orientierungswissen/Interkulturelle Kompetenzen sowie Umgang mit Medien) angelegt werden müssen:

- Interkulturelle Relevanz
- Diskursivität, ggf. Kontroversität
- Differenziertheit, ggf. Differenzierbarkeit
- Perspektivierungsmöglichkeiten
- Möglichkeiten zum Abgleich von Selbst- und Fremdwahrnehmung
- …

1.2 Planungsmatrix zur Unterrichtsgestaltung

Zusammenhängendes Sprechen

Im Unterricht planen, strukturieren und präsentieren die SuS kurze Vorträge oder andere mündliche Aufgaben zu folgenden Themen der aktuellen Reihe:

- _____
- _____
- _____
- _____
- _____
- _____
- _____
- _____

Sprachliche Mittel & Korrektheit

Im Unterricht erweitern die SuS ihr Vokabular zu folgenden Themen:

- _____
- _____
- _____
- _____
- _____

Sie festigen und erweitern ihre Redemittel für die Präsentation, Diskussion und Kommentierung.

Umgang mit Texten und Medien

Folgende Textsorten (Sachtexte, Zeitungs- und Internetartikel, Reden, Blog- und Forumsbeiträge, literarische oder diskontinuierliche Texte) werden herangezogen:

- _____
- _____
- _____
- _____
- _____

An Gesprächen teilnehmen

Im Unterricht diskutieren, argumentieren, kommentieren, widerlegen die SuS Aspekte, Vorschläge, Meinungen, Perspektiven folgender Themenbereiche:

- _____
- _____
- _____
- _____
- _____
- _____
- _____
- _____

Orientierungswissen & Interkulturelle Kompetenzen

Im Unterricht erarbeiten die SuS folgende Sach- und Themenbereiche:

- _____
- _____
- _____
- _____
- _____

Die Themen werden im Unterricht auf ihre interkulturell relevanten Aspekte hin erschlossen.

Methodische Kompetenzen des Sprachenlernens

Über folgende Formen des selbstständigen und kooperativen Lernens werden relevante Prüfungsinhalten erschlossen und Mündlichkeit in Vorbereitung auf die Prüfung gefördert (z.B. Gruppenpuzzle, Karussell, Think-Pair-Share etc.):

- _____
- _____
- _____
- _____

1.3 Evaluation von mündlichen Kompetenzen

Im monologischen wie im dialogischen Teil sollten inhaltliche Leistungen und sprachliche bzw. Darstellungsleistungen **getrennt voneinander** beurteilt werden. Folgende Aufstellung (in Anlehnung an VVzAPO-GOSt NRW) stellt brauchbare Abstufungen der Bewertung vor, die auch bereits im Unterricht für die Rückmeldung der LuL and die SuS verwendet werden sollten. (Die jeweilige Bepunktung kann nach Bedürfnis skaliert werden.)

Inhaltliche Leistungen / Aufgabenerfüllung

10	9	8	7	6	5	4	3	2	1	Punkte
■	■									Ausführliche, präzise und differenzierte Kenntnisse / Aufgabenerfüllung
		■	■							Durchgängig sach- und aufgabengerechte, ggf. erweiterbare Gedanken
				■	■					Nachvollziehbare, plausible Ausführungen; angemessenes Sachwissen
						■	■			Wenige erkennbare Aspekte / eingeschränkte Aufgabenerfüllung
								■	■	Nicht verstandene Aufgabenstellung / lückenhafte Aufgabenerfüllung

Kommunikative Strategie / Kommunikationskompetenz

4	3	2	1	0	Punkte
■					stringent, effizient, klar, flüssig
	■				vorwiegend kohärent und strukturiert, situationsangemessen, in der Regel sicher und flüssig
		■			erkennbare Grundstruktur, z.T. verkürzend o. weitschweifig, nicht durchweg flüssig
			■		sehr unselbständig, unstrukturiert, kaum erkennbare Zusammenhänge, stockend
				■	nicht mehr beurteilbare Leistung

Verfügbarkeit und Korrektheit des Wortschatzes

4	3	2	1	0	Punkte
■					präziser, differenzierter, variabler Wortschatz
	■				überwiegend treffende, idiomatisch korrekte Formulierungen
		■			einfacher, aber angemessener Wortschatz; Umschreibungsstrategien verfügbar
			■		sehr einfacher oder lückenhafter Wortschatz; häufige Wiederholungen
				■	nicht mehr beurteilbare Leistung

Verfügbarkeit und Korrektheit grammatischer Strukturen

4	3	2	1	0	Punkte
■					breites und differenziertes Repertoire an Strukturen, nahezu fehlerfrei
	■				gefestigtes Repertoire grundlegender Strukturen; weitgehend frei von Verstößen
		■			z.T. fehlerhaftes Repertoire grundlegender Strukturen
			■		auch grundlegende Strukturen nicht durchgängig verfügbar
				■	nicht mehr beurteilbare Leistung

Aussprache / Intonation

3	klar, korrekt, kommunikativ	2	in der Regel korrekt, verständlich	1	fehlerhaft, verständnishemmend

2 Förderung von Sprechkompetenzen: „Was benötigen die Schüler für die Prüfung?"

2.1 Förderung des monologischen Sprechens

Die Kompetenz des monologischen Sprechens lässt sich unabhängig von konkreter thematischer Füllung auf verschiedene Weise im Unterricht fördern. Die folgende Zusammenstellung soll überblicksartig einige der Möglichkeiten vor Augen führen, im Unterricht **aufgabengesteuert** die Mündlichkeit zu erhöhen und die Kompetenz des monologischen Sprechens zu fördern.

„Le monologue minute": Freies Sprechen auf Zeit

Der *monologue minute* ist ein Kurzvortrag, der in der Hauptsache dadurch definiert ist, dass er eine Minute nicht über- oder unterschreiten soll. Weder inhaltlich noch methodisch sollen den SuS Vorgaben gemacht werden, wie der *monologue minute* zu füllen ist. Nach einer kurzen Vorbereitung, ggf. auch als Ergebnis einer Hausaufgabe oder als Routine im Unterricht, die im Turnus eingesetzt wird, stellen die SuS einen Sachverhalt mündlich dar. Der Lehrer oder andere SuS nehmen die Zeit. Sinn und Zweck dieser Übung ist es, die SuS an eine gewisse Sprechzeit zu gewöhnen, die die Länge der üblichen Äußerung im Unterricht überschreitet. Regelmäßig als Übungsform eingesetzt führt der *monologue minute* schnell zur automatisierten Nutzung von Vortragstechniken und -floskeln.

Redezeit: genau 1 Minute
Inhalt: nicht definiert
Vorbereitung: bis zu 5 Minuten, Stichpunkte schriftlich, ggf. auf Karteikarten
Anwendung: Vorstellen von Erarbeitungsergebnissen, Hausaufgaben, Meinungen, Beschreibungen u.v.m.
Beispiel: *Faites un monologue minute pour présenter...*
... l'avis / le problème / la question / la personne / le contenu de...
... votre weekend / votre animal / une aventure / un événement horrible / charmant / une star...

„Le mini-exposé": Kurzvorträge halten

Das *(mini-)exposé* wird ähnlich vorbereitet wie der *monologue minute*. In Umfang und Tiefe jedoch sollten die SuS hier weiter gehen. Ein Handout sollte einen Kurzvortrag begleiten, damit inhaltliche Ergebnisse für die Mitschüler gesichert werden.

Redezeit: 5–10 Minuten
Inhalt: nicht definiert
Vorbereitung: inhaltsabhängig, eher als HA, Stichpunkte schriftlich, ggf. auf Karteikarten
Anwendung: Vorstellen von komplexeren Sachzusammenhängen, Themenüberblick, etc.
Beispiel: *Faites un exposé pour présenter...*
... l'avis / le problème / la question / la personne / le contenu de...

II Vorbereitung der mündlichen Prüfung

„La présentation": Ein Bild/ Material vorstellen

In der mündlichen Prüfung wird im monologischen Teil in der Regel ein Bild wie z. B. ein Foto, eine Illustration, eine Karikatur, ein Plakat etc. vorgestellt. Hin und wieder werden auch Materialien wie Auszüge aus Broschüren oder Internetseiten präsentiert. Die ***présentation*** ist daher im Unterricht zu trainieren und sollte Aspekte wie die Benennung des Mediums, ggf. Quelle, Einordnung des Themas, dargestellte Inhalte, ggf. ästhetische Aspekte enthalten, bevor die Inhaltsseite näher beleuchtet wird.

Redezeit: 3–4 Minuten
Inhalt: visuelle Impulse zu jeglichem Thema
Vorbereitung: Vorbereitungszeit sollte die Redezeit nicht nennenswert überschreiten
Anwendung: Vorstellen von Sachverhalten, Zusammenhängen, ggf. Meinungen, Appellen…
Redemittel: siehe Seite 23 *(décrire une image)*
Beispiel: *Présentez la photo / la caricature / le dessin / l'illustration / la brochure / l'affiche…*

„Le changement de perspective": Perspektivisches Sprechen

Die allermeisten Unterrichtsthemen der Oberstufe lassen sich aus mehr als einem Blickwinkel betrachten. ***Le changement de perspective*** ist eine Fertigkeit, die in Vorbereitung auf die rollengebundenen Aufgaben in der mündlichen Prüfung zu trainieren ist. Die SuS erhalten Aufgaben, in denen sie aus einer bestimmten Sichtweise heraus denken und sprechen müssen z. B (sich in Personen hineinversetzen, die entweder männlich oder weiblich (Wechsel des Geschlechts möglich), jungen, mittleren oder höheren Alters sind, die ggf. aus einem bestimmten Ort/Land stammen, zugezogen oder dorthin gereist sind, u.v.m.). Die Perspektivierung eines Sprechanlasses lässt sich häufig *ad hoc* finden und kann ggf. auch von den SuS selbst gewählt werden. Optional können auch nach einer mündlichen Präsentation im Plenum Rückschlüsse auf die Person diskutiert werden, aus deren Perspektive gerade gesprochen wurde.

Redezeit: variierend, kann ggf. vorgegeben werden
Inhalt: alle Sachverhalte, die unterschiedlich beurteilt werden können
Vorbereitung: 5–20 Minuten (material- und perspektivabhängig), ggf. mit Wahlmöglichkeit der Perspektive
Anwendung: rollengebundenes Sprechhandeln, multiperspektivisches Erschließen und Darstellen
Beispiel: *Choisissez une des perspectives suivantes et racontez / présentez / défendez…*
Mettez-vous à la place d'une personne qui… et justifiez…
Présentez le texte sous l'angle d'une personne qui… / Imaginez que vous êtes…

„Le pour et le contre": Pro-/Kontra-Präsentation

Zur Förderung von differenzierenden, abwägenden, positionierenden Aussagen kann im Unterricht das Verfahren *le pour et le contre* systematisch eingeübt werden. Hierbei steht die Kontrastierung zweier Sachverhalte Aspekte, Meinungen, Interessen, Konflikte etc. im Vordergrund. Die Aufgabe besteht darin, mündlich in einem ausgewogenen Verhältnis die „zwei Seiten einer Medaille" gegeneinander darzustellen, anstatt sie nur additiv zu benennen. Diese methodische Herangehensweise ist zugleich eine sprachliche Übung wie auch eine „Denkschulung", die das Argumentieren in den Blick nimmt. Die SuS sollen trainieren, systematisch Für und Wider einer Sache in Abgleich zu bringen.

Redezeit: bis zu 3 Minuten, kann ggf. vorgegeben werden
Inhalt: „zweischneidige Schwerter", Meinungen, Konflikte, Interessen, Positionen, Vor-/Nachteile
Vorbereitung: 5–15 Minuten (materialabhängig), Stichpunkte schriftlich, ggf. als Tabelle
Anwendung: Vorstellen Analyseergebnissen, Vorbereitung einer Urteilsfindung
Beispiel: *Dégagez le pour et le contre de… / Présentez les avantages et désavantages de…*
Contrastez les positions/ les avis de… / Mettez en valeur les deux côtés de…

„Faire un REP": Réfléchir – Échanger – Présenter (Think-Pair-Share)

Als Think-Pair-Share bekannt und mittlerweile für den Französischunterricht unter **REP (Réfléchir-Échanger-Présenter)** bekannt, bietet sich folgendes Verfahren auch als methodische Variante in der Vorbereitung der mündlichen Prüfung an:

1. **Réfléchir:** jeder Schüler erhält einen Arbeitsauftrag, über den er nachdenken und sich Notizen machen soll (Aufträge können bei allen gleich oder unterschiedlich sein). Die LuL geben einen bestimmten Zeitrahmen vor.
2. **Échanger:** Die SuS bilden Paare, wobei sie anschließend in der Lage sein sollen, die Ergebnisse des Partners zu referieren. Partner A beginnt und Partner B macht sich Notizen. Dann erfolgt ein Rollenwechsel.
3. **Présenter:** Die Ergebnisse der 1. Phase werden vom jeweils anderen Partner im Plenum vorgestellt.

Varianten:
I. Square: Je zwei Tandems bilden eine Vierergruppe und stellen sich gegenseitig die Arbeitsergebnisse vor.
II. Diese Methode kann auch angewendet werden, wenn Arbeitsergebnisse verdichtet werden sollen, das heißt, dass das Gruppenergebnis ein Zusammenführen der Einzelergebnisse werden soll.

II Vorbereitung der mündlichen Prüfung

„Les mots à la chaîne": Fortgeführtes Sprechen

Die Fähigkeit, einen Monolog flüssig vorzutragen, steht und fällt damit, dass sowohl inhaltliche Stichpunkte „im Fluss" gehalten werden müssen, als auch dass die Verbalisierung der Ideen und deren Verkettung gelingt. Eine Übungsmöglichkeit ist die Methode **Les mots à la chaîne**. Sie besteht darin, dass der Lehrer inhaltliche Stichpunkte nach und nach im Laufe des Schülervortrags preisgibt und ihn somit inhaltlich steuert. Dies kann z.B. dadurch passieren, dass Stichwörter auf einer Folie nacheinander aufgedeckt werden oder, je nach technischer Ausstattung, dass neue Aspekte zeitlich versetzt auf einer PowerPoint-Folie eingeblendet werden. Alternativ können den SuS auch während eines Vortrags Überraschungskärtchen mit inhaltlichen Impulsen gereicht werden, die sie in ihren Vortrag einbringen sollen. Die Idee, dass der Lehrer als heimlicher Stichwortgeber die Inhalte des Schülervortrags mitgestaltet, kann auch als binnendifferenzierende Maßnahme bei allen sonstigen Schülervorträgen eingesetzt werden. (Um eine Überraschung zu vermeiden, sollte dieses Vorgehen im Vorfeld angekündigt und dessen Sinn und Zweck mit den SuS vorab reflektiert werden).

Redezeit: 1–2 Minuten, gesteuert durch den Input des Lehrers
Inhalt: themenunabhängig einsetzbar
Vorbereitung: für die SuS ggf. ohne inhaltliche Vorbereitung
Anwendung: Vorstellen von Sachverhalten und Zusammenhängen
Beispiel: *Voici des mots-clés au sujet de…*
Présentez vos idées à propos de chaque expression donnée.
+ (Essayez de faire 3–4 phrases pour chaque mot-clé.)
+ (Utilisez des mots-charnières pour enchaîner les différents aspects.)

„La simulation": Die Simulation

Diese **Simulation** eignet sich zur Vorbereitung der Kommunikationsprüfung wie auch bei der Lektürearbeit, um Situationen nachzuempfinden oder Personenkonstellationen zu erkennen. Außerdem kann sie in Zusammenhang mit authentischen Texten eingesetzt werden. Das Thema sollte realitätsbezogen sein und die Redemittel bekannt. Die mit dem Thema in Verbindung stehenden Probleme und Konflikte sind in Arbeitsgruppen zu lösen.

1. **Thema/Situation/Problem/Konflikt** werden gegeben und Ziele genannt.
   Gruppen bilden sich oder werden vorgegeben unter Verteilung der Rollen. Zeitvorgabe!
2. Durchführung: **Analyse** der Situation, **Erarbeitung** von Lösungsmodellen und Lösungswegen, bis die beste Lösung gefunden ist. Mögliche **Materialbeschaffung**.
3. **Evaluation** der Vor- und Nachteile, Schwächen und Stärken. Raum für Fehleranalyse

2.2 Förderung des dialogischen Sprechens

Die Kompetenz der Gesprächsführung wird im Schulbetrieb oft vernachlässigt. Das liegt daran, dass die SuS sich im Unterrichtsgespräch in der Regel in der Rolle der Antwortenden, gelegentlich in der Rolle der Nachfragenden, seltener oder gar in der **Rolle der Gesprächsführenden** befinden. Von daher ist es nicht verwunderlich, dass Gespräche zwischen SuS, vor allem in der Fremdsprache, häufig auf eindimensionale Frage-Antwort-Dialoge hinauslaufen. Selbst wenn die sprachlichen Fähigkeiten ausgeprägt, die inhaltlichen Aspekte verinnerlicht und die Redemittel gut verankert sind, kann ein Gespräch daran scheitern, dass die *Gesprächsführung* nicht hinreichend trainiert wurde.

L'art de poser les bonnes questions

Die Kunst, ein Gespräch sinnvoll, ertragreich und ausführlich zu gestalten, bedarf sehr viel Übung und einer **differenzierten Fragetechnik**. Von den SuS wird in der mündlichen Kommunikationsprüfung *ad hoc* verlangt, dass sie über mehrere Minuten und ohne vorherige Absprachen untereinander sinnvoll, ertragreich und ausführlich miteinander diskutieren, die Diskussion pointiert auf wichtige Inhalte lenken, offene Fragen klären und Kontroversen aushandeln. Daher konzentriert sich folgende Aufstellung zunächst auf die **situativen** (nicht inhaltlichen) Fragetechniken, die eine gute Gesprächsführung ausmachen. Diese Aufstellung soll eine Übersicht über verschiedene fragegeleitete **Sprechhandlungen** geben, die zum Gelingen des dialogischen Sprechens und des Prüfungsdialogs beitragen können.

Commencer une conversation

Fonction(s)	Exemple(s)
Prendre le contact	*J'aimerais savoir qc sur… Je m'intéresse au sujet de…*
	Ce qui m'intéresse de savoir, c'est…
Donner une orientation	*Quel sujet est-ce qu'on va aborder ?*
	Que penses-tu de… ? / Discutons sur… !

Inciter à réfléchir / différencier / préciser	
Fonction(s)	**Exemple(s)**
Entrer dans des détails	*Qu'est-ce que tu veux dire précisément par… ?* *Pourrais-tu me donner un exemple ?*
Eviter des malentendus	*Qu'est-ce que tu entends par… ?* *J'ai bien compris que… ?*
Eviter des généralisations / préjugés	*C'est toujours le cas que… ?* *C'est toujours comme ça ?* *Y a-t-il des exceptions à ce que tu as dit ?* *Est-ce que personne X serait d'accord avec toi ?*
Ouvrir / changer la perspective	*À ton avis, c'est la seule raison possible ?* *Que dirait personne X… / Qu'est-ce que tu penserais si…* *Est-ce qu'il y aurait une alternative / une autre solution ?* *Qu'est-ce qu'on pourrait faire si… / pour…* *Qu'est-ce que tu ferais si… ?* *Qui pourrait profiter de… ?* *Qu'est-ce que tu proposes… / Que proposerait personne X… ?*

Terminer une conversation	
Fonction(s)	**Exemple(s)**
Conclure	*Quelle conclusion est-ce qu'on pourrait en tirer ?* *Est-ce qu'on a tout mentionné ?* *Qu'est-ce que tu trouves le plus important dans tout ça ?* *Que penses-tu finalement de… ?* *Alors, pour toi, c'est donc…* *Es-tu d'accord avec… ?*
Réfléchir aux résultats / au procès	*Qu'est-ce qui t'a persuadé… ?* *Pourquoi as-tu changé d'avis ?*

2.3 Sprachliche Mittel und Strategien zur Beschreibung

In jeder Prüfung werden Bildimpulse verschiedener Art gegeben, die von den SuS beschrieben werden sollen. Folgende Redemittel und Beschreibungsstrategien können zur Bearbeitung dieses Prüfungsteils mit den SuS trainiert werden, beispielsweise mit den Materialien in Teil 3.

Pour faire décrire l'impression globale d'une image:

Décrivez brièvement cette image / photo / caricature :
    la composition, les couleurs dominantes, le cadrage etc.

En vous appuyant sur l'affiche, …
    identifiez les procédés :
    le format, la composition, les couleurs, le lettrage, le thème représenté

En vous inspirant de cette photographie, expliquez…

Quelles couleurs sont utilisées ?
    Que pensez-vous de l'utilisation des couleurs ?
    Quel est le choix des couleurs ?
    Quel est l'angle de vue ?

Y a-t-il des personnages ? Lesquels ?
    Décrivez le(s) personnage(s).
    Quelle est l'attitude des personnages ?
    Observez l'attitude et la position des personnages.
    Les personnages paraissent-ils réalistes ?
Quelle impression générale / globale laisse la photo… ?

Pour faire parler de l'effet d'une image

Quel effet produit l'image / la photo / la caricature sur l'observateur ?
Quelle est la fonction de l'image ?
Présentez/ Imaginez le contexte historique dans lequel l'image a été créée.
Est-ce que le texte et l'image vont ensemble ?

Quelles émotions sont produites par la photo / l'illustration… ?
Quels sentiments provoque l'image chez le spectateur ?
Quels sentiments se lisent sur le visage de… ?
Quelle impression générale laisse la photo… ?

Pour faire parler du message d'une image

Qu'est-ce que cette image / photo / caricature… exprime ?
Quel est le message de l'image / la photo / la caricature ?
Interprétez / Expliquez le titre. Quel est le sujet évoqué ici ?

Quelle peut être l'histoire   derrière la photo ?
                                       qui a menée à… ?

Quelle conception véhicule cette image ?
     Y a-t-il une provocation ? Si oui, dans quelle mesure ?
     Est-ce que le dessinateur prend position ? Si oui, pour laquelle ?

Retrouvez les références (culturelles) liées à cette image.

2.4 Sprachliche Mittel für Rückmeldungen an Mitschüler

Faire un commentaire sur le contenu

Je trouve que l'exposé / le dialogue / le monologue / le jeu de rôle est / était…
- … intéressant.
- … clair/ précis.
- … génial/ amusant.
- … un peu court.
- … très long.
- … peu/ pas intéressant.

Faire un commentaire sur la langue / compréhension

Je t'ai bien compris. / On vous a bien compris.
Tu as parlé très vite / très lentement / très aisément / avec pas trop d'aisance…
On n'a pas tout compris.
Je n'ai pas bien compris la phrase concernant…
Vous avez fait quelques fautes/ beaucoup de fautes. / Vous n'avez pas fait de fautes.
Tu pourrais encore réviser / répéter…

Faire un commentaire sur la présentation

Vous avez bien joué la scène.
J'ai beaucoup aimé que…
Le dialogue me plaît beaucoup / ne me plaît pas trop parce que…
Vous pouvez encore parler plus fort / plus clairement / moins vite.

(Diese Kurzauswahl lässt sich umfangreich erweitern durch Ausdrücke aus
Deinert, Valérie/ Wurm, Christoph (2014): *Phrases-clés pour l'écrit et l'oral. Wortschatz für Textarbeit und Kommunikation*, Stuttgart: Klett.)

2.5 Material zur Förderung weiterer Kompetenzen

a. Zur Förderung der Verfügung über sprachliche Mittel (thematischer Wortschatz) sowie von Orientierungswissen und interkulturellen Kompetenzen

- Fischer, Wolfgang / Le Plouhinec, Anne-Marie (2012): **Mots et contexte. Thematischer Oberstufenwortschatz.** Stuttgart: Klett.
  Der thematische Oberstufenwortschatz eignet sich insbesondere zur inhaltlich-thematischen und sprachlichen **Vorbereitung aller Prüfungsvorschläge** dieses Heftes. Die Themen der Prüfungen lehnen sich an die Struktur des Buches an, welches aktuellen Wortschatz zu **allen abiturrelevanten Themen** sowie umfangreiche landeskundliche Informationen und Materialien bietet.

- Angele, Martina / Bruchet-Collins, Janine / Herlan-Durot, Andrea / Obeling, Steffen / Périgault, Michèle (2013): **Mots et contexte. Dossier pédagogique.** Stuttgart: Klett.
  Das Übungsheft bietet Anwendungs- und Erweiterungsübungen zum Wortschatz aus *Mots et contexte* und eignet sich daher hervorragend zum **Training** der für die mündlichen Prüfungen geforderten **inhaltlichen Sprachmittel**. Weiterhin werden kostenlose Vorlagen für Klausur- und Testformate und Whiteboardmaterialien angeboten.

- Angele, Martina / Deinert, Valérie (2012): **Abi-Thema: *Les relations franco-allemandes*.** Stuttgart: Klett.
- Angele, Martina / Deinert, Valérie (2013): **Abi-Thema: *Immigration – Intégration*.** Stuttgart: Klett.
- Angele, Martina / Deinert, Valérie (2013): **Abi-Thema: *Passé colonial – Francophonie*.** Stuttgart: Klett.
  Die „Abi-Thema"-Reihe besteht aus praktischen Wortschatzbegleitern auf dem Weg zum Abitur und bietet **klare, kompakte Lerneinheiten** zu verschiedenen Themen. Jeweils mehr als 2000 Wörter und Wendungen zu abiturrelevanten Wortschatzbereichen werden mit zahlreichen Anwendungsbeispielen für mündliche und schriftliche Formulierungen gepaart.

b. Zur Förderung von kommunikativen Strategien und Beschreibungswortschatz

- Deinert, Valérie / Wurm, Christoph (2014): **Phrases-clés pour l'écrit et l'oral. Wortschatz für Textarbeit und Kommunikation.** Stuttgart: Klett.
  Nach zentralen methodischen Kompetenzen geordnetes Wortschatzbuch, das besonders die Verfügbarkeit von beschreibendem Wortschatz erleichtert und somit auch für monologische und dialogische Formate der mündlichen Prüfung eingesetzt werden kann.

c. Zur Förderung der mündlichen Ausdrucksweise in Paaren oder in Gruppen

- **ELI photos cartes. Images pour un usage créatif du français.** Stuttgart: Klett.

d. Bibliographie Kommunikationsprüfung

- Jean-Albert Bron et al., *À la découverte de l'image*, Paris 2001.
- Alain Colzy et al., *L'image au collège*, Éditions Belin, 2002.
- Fanny Deschamps, *Lire l'image au collège et au lycée en cours de français*, Hatier Paris, 2004.
- Handreichung für die mündliche Kommunikationsprüfung in den Leistungskursen der modernen Fremdsprachen, Hessen: https://www.psi-online.de/getfile.php?id=143
- Hermann Voss, *Mündliche Klassenarbeiten und Prüfungen, Anforderungen und Formate zur Überprüfung der Sprechkompetenz*, Der Fremdsprachliche Unterricht Französisch, Heft 117, 6/2012
- Der Fremdsprachliche Unterricht Französisch, *Mündliche Klassenarbeiten und Prüfungen*, Heft 117, 6/2012
- Der Fremdsprachliche Unterricht Französisch, *Mit Bildern arbeiten*, Heft 127, 2/2014

3 Materialien zum Vorbereiten und Üben: „Wie können Schüler für die Prüfung trainieren?"

3.1 Décrire une photo

Exemple 1 : La rentrée

1. **À deux**: Décrivez cette image.
2. Quelle est la situation de la photo ?
3. Imaginez la situation qui a mené à cette situation.
4. Parlez des sentiments qui se cachent derrière.

Discussion en classe :

Est-ce que vous connaissez des situations semblables ? Parlez-en et donnez des raisons pour en arriver là !

Exemple 2 : Tout en haut...

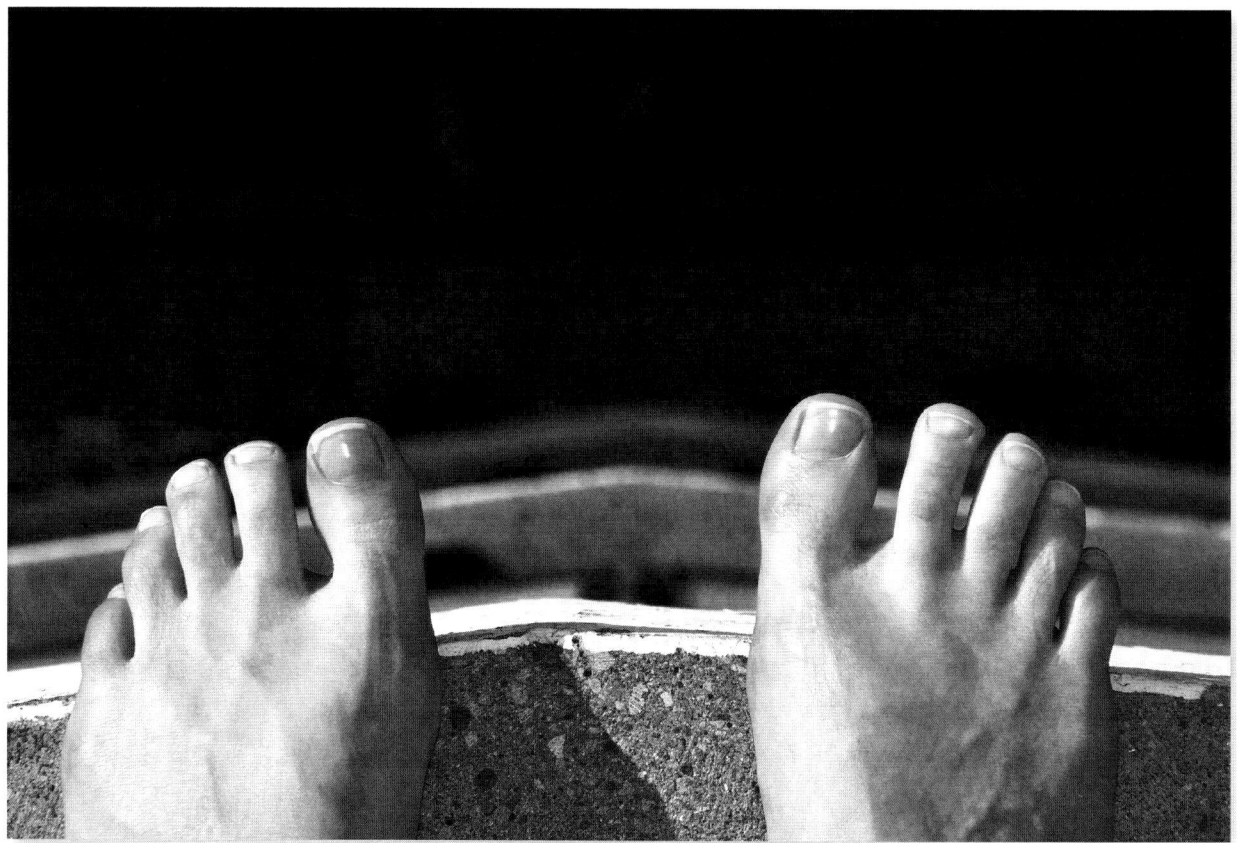

1. **À deux:** *Décrivez cette image.*
2. *Dans quelle situation se trouve le protagoniste ?*
3. *Imaginez la situation qui a mené à cette situation.*
4. *Parlez des sentiments de la personne.*

3.2 Parler d'un tableau

Exemple 1 : La liberté guidant le peuple

1. Décrivez ce tableau de Delacroix qui porte le titre : « La liberté guidant le peuple ».
2. Quels personnages sont plutôt au centre et lesquels sont plutôt marginalisés ?
3. Pour quelles raisons ?
4. Dégagez les couleurs. Quel est leur but ?

5. Mettez-vous à la place de la femme dans le tableau. Entrez en dialogue avec elle (un d'entre vous prend le rôle de cette femme) ou faites une interview avec elle.

6. À deux : Racontez l'histoire de ce tableau.

3.3 Présenter des publicités

1. **À deux** :
1. Décrivez ces publicités.
2. À qui s'adressent ces publicités et pourquoi ?
3. Est-ce que vous achèteriez ces produits ? Pour quelles raisons ?
4. Évaluez ces publicités. Qu'est-ce qui est bien ou mauvais ?

→ Discutez de ces publicités. Avec quels moyens le créateur essaye-t-il d'attirer l'attention de ses spectateurs ? Est-ce qu'il arrive à son but ?

2. **En classe** : Qu'est-ce que vous choisiriez comme moyen d'attirer l'intérêt du public dans une publicité ?

3.4 Présenter des affiches de films

Voilà une affiche du film « Gabrielle » traitant le thème d'une jeune handicapée intellectuelle qui vit dans une résidence d'accueil de Montréal. Elle est tombée amoureuse de Martin, lui aussi handicapé. Ensemble, ils éprouvent une grande joie de vie.

A deux:
1. Décrivez l'affiche.
2. Sachant qu'il s'agit de deux jeunes handicapés, développez si le photographe a transmis ou caché ce message.
3. Où se reflète cette « joie de vivre » ?
4. Aurez-vous envie de voir le film ? Évaluez pourquoi.

Rollengemäßes Sprechen

Mettez-vous à la place de Gabrielle et de son copain.

Entrez en dialogue :
- Qu'est-ce qui ne vous plaît pas dans la société d'aujourd'hui ? Où y a-t-il des barrières pour vous ?
- Dans quels domaines aimeriez-vous avoir plus de liberté ?

Les relations familiales : Les jeunes / La famille

Einzel-/Tandemprüfung

Partenaire A

Peine d'amour

Juju – fille – 17 ans

Bonjour ! À 14 ans, j'ai rencontré mon premier petit ami. Mes
5 parents étaient contre notre relation, ils m'empêchaient de sortir avec lui, ils ont même appelé ses parents pour se plaindre ! Nous sommes quand
10 même restés ensemble 3 ans. Il y a 2 mois, il m'a quittée pour une autre mais nous étions encore très proches, il me téléphonait souvent. Je gardais toujours espoir
15 et j'étais très malheureuse. Et j'ai essayé d'en parler avec mes parents mais ils m'ont dit « On te l'avait bien dit ! C'est mieux ainsi et de toute façon, t'es trop bien
20 pour lui. » Je n'avais plus le droit d'en parler, ni de montrer que j'étais malheureuse, c'était une situation impossible pour moi. J'ai fini par couper le contact, je fais
25 comme si je ne le connaissais pas, c'est plus simple pour moi, même si…

Monologue

Présentez la photo.
Pendant leur adolescence, beaucoup de jeunes pensent que la famille, c'est comme une prison.
Résumez l'opinion de Juju et donnez votre avis personnel sur le sujet abordé.

Dialogue

En dehors du fait que le modèle de la famille traditionnelle est en crise, la société actuelle
est confrontée à de graves problèmes politiques, sociaux, économiques, écologiques et éthiques.
Faut-il avoir peur de l'avenir ?
Prenez position en tenant compte de votre rôle en tant que représentant(e) de la jeune génération.

Les relations familiales : Les jeunes / La famille

Einzel-/Tandemprüfung

Partenaire B

Problème de communication avec ma mère

Vanilledu22 – fille – 16 ans

5   Hier, je me suis encore disputée avec ma mère. Elle et moi, on s'entendait bien avant, on faisait du dessin ensemble ou on allait à la plage, elle adorait ça ! Maintenant, rien que l'idée… C'est vrai que je préfère
10 passer du temps sur mon ordi ou dans ma chambre et que je ferme toujours la porte à clé. C'est juste qu'en ce moment, je ne la supporte pas ! Elle rentre dans ma chambre sans prévenir… Ses remarques me semblent
15 tellement… bêtes ! Je me demande parfois si je ne suis pas trop méchante avec elle, elle ne comprend rien à mon monde, mais ce n'est pas de sa faute si elle est vieille. Quand je suis de bonne humeur, je lui propose de
20 faire quelque chose, je sais que ça lui fait toujours très plaisir mais ça tourne toujours au désastre…

Monologue

Présentez la photo.
Dans la vie familiale, beaucoup de parents et d'enfants se sentent démunis quand ils ont des problèmes entre eux. Résumez l'opinion de Vanilledu22 et donnez votre avis personnel sur le sujet abordé.

Dialogue

En dehors du fait que le modèle de la famille traditionnelle est en crise la société actuelle est confrontée à de graves problèmes politiques, sociaux, économiques, écologiques et éthiques.
Faut-il avoir peur de l'avenir ?
Prenez position en tenant compte de votre rôle en tant que représentant(e) de la jeune génération.

Le système éducatif

Einzel-/Tandemprüfung

Partenaire A

Pourquoi tant de pression

Avoir de bonnes notes, être le premier de sa classe, progresser sans cesse… Les professionnels de l'enfance – enseignants, psychologues scolaires, pédopsychiatres – le constatent quotidiennement : le stress lié à la réussite scolaire frappe de plus en plus tôt et de plus en plus fort. Et les parents en sont
5 conscients et inquiets. (…)

© Flavia Mazelin-Salvi pour Psychologies magazine (http://www.psychologies.com/Famille/Education/Scolarite/Articles-et-Dossiers/Ecole-arretons-de-leur-mettre-la-pression/Pourquoi-tant-de-pression)

Monologue

Présentez la caricature.
De nos jours, on discute beaucoup des conditions d'apprentissage à l'école.
Relevez d'abord les différentes causes de stress mentionnées dans l'extrait donné.
Donnez ensuite votre avis personnel sur ce phénomène.

Dialogue

Imaginez l'école idéale. Décrivez les matières qui vous paraissent utiles, l'emploi du temps optimal, les professeurs et élèves modèles, l'architecture parfaite etc.
Discutez avec votre partenaire en justifiant vos idées.

Le système éducatif

Einzel-/Tandemprüfung

Partenaire B

Harcèlement à l'école : qui sont les victimes ?

Moqueries, mises à l'écart, insultes dans la cour de l'école et sur les réseaux sociaux, vidéos et photos humiliantes diffusées au plus grand nombre… la vie du souffre-douleur peut rapidement devenir un cauchemar. Comment mettre fin à cette spirale infernale ?

http://www.letudiant.fr/

Monologue

Présentez la photo.
De nos jours, on discute beaucoup des difficultés à l'école.
Relevez d'abord les différents problèmes des jeunes exposés dans l'extrait donné.
Donnez ensuite votre avis personnel sur l'ampleur du harcèlement à l'école.

Dialogue

Imaginez l'école idéale. Décrivez les matières qui vous paraissent utiles, l'emploi du temps optimal,
les professeurs et élèves modèles, l'architecture parfaite etc.
Discutez avec votre partenaire en justifiant vos idées.

La société

Einzel-/Tandemprüfung

Partenaire A

Tweets2rue : cinq SDF français vont tweeter leur vie dans la rue

Ce jeudi 17 est la Journée mondiale de lutte contre la pauvreté. Et c'est dans
5 ce cadre que plusieurs associations en France lancent l'opération « Tweets 2 Rue ». Cinq SDF se sont vus remettre un portable
10 connecté à Internet, pour raconter leur quotidien dans la rue...
Pour les associations qui ont lancé l'opération,
15 sponsorisée par France Inter et inspirée d'un concept américain nommé « Underhead in New York », le but est de recréer du lien
20 social chez ces personnes souvent marginalisées, sensibiliser l'opinion publique à la détresse des SDF et chasser les idées reçues sur ceux-ci...
L'initiative est soutenue et saluée par certains sur Twitter.

© RTBF 2014

Monologue

Présentez la photo.
Dans la société actuelle, les problèmes sociaux sont omniprésents.
Résumez l'initiative exposée dans le texte ci-dessus.
Donnez votre avis personnel par rapport à cette approche.

Dialogue

En France, l'égalité, la fraternité et la liberté constituent la base de la démocratie.
Étudiez de façon détaillée l'application de ces principes dans la société actuelle française.
Référez-vous au domaine politique, économique, social, culturel ou écologique (au choix).

La société

Einzel-/Tandemprüfung

Partenaire B

LES VIOLENCES URBAINES DE 2005 EN FAITS

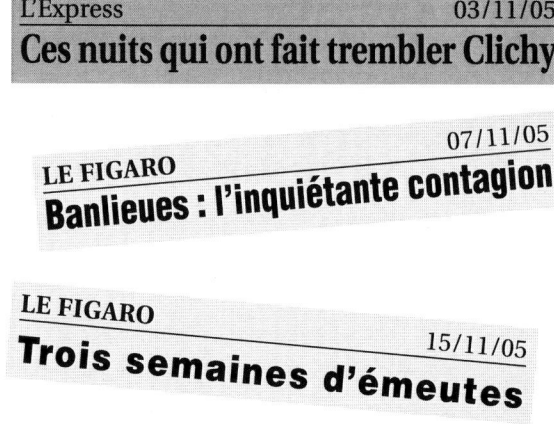

RÉACTIONS GOUVERNEMENTALES

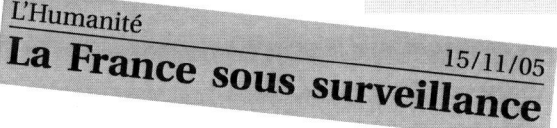

http://www.injep.fr/Les-violences-urbaines-Reperes,3833
Centre de documentation de l'INJEP :
« Les violences urbaines », repère documentaire, Novembre 2005

Monologue

Présentez la photo.
Les violences urbaines à Paris en 2005 : Choisissez quelques manchettes de quotidiens présentées ci-dessus qui vous paraissent spécialement intéressantes et commentez-les.

Dialogue

En France, l'égalité, la fraternité et la liberté constituent la base de la démocratie.
Étudiez de façon détaillée l'application de ces principes dans la société actuelle française.
Référez-vous au domaine politique, économique, social, culturel ou écologique (au choix).

Engagement humain et social : Acceptation / Contestation

Einzel-/Tandemprüfung

Partenaire A

« Révolution espagnole » : et demain la France ?

Influencés par les révoltes arabes, inspirés par les sit-in espagnols, certains jeunes Français se rassemblent ici et là pour protester contre la précarité. Y-a-t-il des points communs entre la jeunesse espagnole et la jeunesse française ?

5 – Il y a des arguments qui pourraient effectivement plaider pour une convergence des situations. La France, comme l'Espagne, la Grèce ou l'Italie se ressemblent car il existe dans chacun de ces pays un fort déclassement de la jeunesse par rapport à la génération adulte. […]

© Sarah Diffalah, Le Nouvel Observateur, 24.05.2011

Monologue

Présentez la photo.
Dans beaucoup de pays, la jeunesse doit se confronter à une réalité difficile.
Expliquez ce qu'on entend par le « déclassement de la jeunesse » à partir du texte ci-dessus et imaginez plus concrètement les problèmes actuels des jeunes et les raisons de leurs difficultés. Comparez la situation des jeunes évoquée dans le texte à celle des jeunes en Allemagne.

Dialogue

Actuellement, il y a des crises graves dans des pays européens comme l'Espagne, la Grèce et la France. Supposons la situation suivante : Dans chaque pays, des manifestations de jeunes sont prévues dans les semaines à venir. Vous êtes élu(e) à assister à une discussion de l'OFAJ (Office franco-allemand pour la jeunesse) entre des jeunes Allemands et des jeunes Français à Berlin avec le titre : « Faut-il manifester pour changer le monde ? »
Vous prenez position pour une participation des jeunes Français aux manifestations.

Engagement humain et social : Acceptation / Contestation

Einzel-/Tandemprüfung

Partenaire B

Indignés, prenez la rue !!!

Pourquoi s'indigner ? Au temps du nazisme, les raisons de s'indigner étaient claires. Mais dans le monde complexe d'aujourd'hui ? L'indignation est toujours la base de toute résistance. Les raisons en sont certes moins nettes mais n'en restent pas moins multiples : l'écart entre riches et pauvres,
5 la planète, comment l'État ou la majorité traitent les sans-papiers, le féminisme, les immigrés ou les Roms. Tout cela doit trouver sa place dans l'espace public et créer un réseau qui aujourd'hui comme hier est le moyen le plus efficace de faire de la Résistance avec un grand « R ».

Monologue

Présentez la photo.
Expliquez ce que l'auteur comprend par « créer un réseau qui aujourd'hui comme hier est le moyen le plus efficace de faire de la Résistance » en donnant des exemples.

Dialogue

Actuellement, il y a des crises graves dans des pays européens comme l'Espagne, la Grèce et la France.
*Vous êtes élu(e) à assister à une discussion de l'OFAJ (Office franco-allemand pour la jeunesse) avec des jeunes Allemands et des jeunes Français à Berlin. Vous prenez position **pour** une participation des jeunes Français aux manifestations.*

Engagement humain et social : Réalité(s) et responsabilité / La mondialisation

Einzel-/Tandemprüfung

Partenaire A

Notre vie privée est-elle en vente sur internet ?

« Google, Facebook et les autres vendent nos informations personnelles, notre vie privée. » [...]
5 Du moteur de recherche au réseau social en passant par le commerce en ligne, notre vie privée s'étale
10 sur des dizaines de bases de données. Nombre d'informations sont délivrées délibérément par l'internaute, notamment
15 lors d'une inscription, avec au minimum le nom, l'adresse e-mail et un mot de passe, mais aussi souvent l'âge et le sexe. Les sites aiment également recueillir automatiquement l'adresse IP qui
20 identifie l'internaute, son type d'ordinateur et la version du navigateur web.

© Boris Manenti, Le Nouvel Observateur, 30.08.2013

Monologue

Présentez la photo.
Le monde actuel nous donne pleins de possibilités, mais il y a aussi des dangers.
Résumez l'article et donnez votre avis personnel sur ce phénomène.

Dialogue

Vous voulez participer à un concours du ministère de l'éducation avec le titre :
« Comment peut-on assurer la personnalité et l'intimité de chaque utilisateur des nouveaux médias (Internet, Facebook, Twitter, les Smartphones, les iPhones..) ? »
Parlez des mesures possibles et mettez-vous d'accord sur la plus prometteuse pour la présenter dans votre dossier de candidature.

Engagement humain et social : Réalité(s) et responsabilité / La mondialisation

Einzel-/Tandemprüfung

Partenaire B

Les nouvelles vies d'Homo numericus

Émilie a une manie. Smartphone en main, elle ne peut s'empêcher de photographier le plat qu'elle mange,
5   le coucher de soleil vu de sa terrasse… puis d'envoyer ses clichés dans le « nuage informatique », autrement dit potentiellement à la terre entière. « J'ai un iPhone depuis trois ans, et c'est venu petit
10 petit, avec mes copines », affirme cette lycéenne parisienne de 15 ans.
    […]
    Le phénomène est mondial. La Toile est devenue le repaire de l'« extimité », cette
15 intimité partagée avec tous. Chaque jour, 550 millions de photos sont téléchargées sur Internet, dont 350 millions sur le seul réseau Facebook […]

© Laure Belot, *Le Monde*, 21 août 2013

Monologue

Présentez la photo.
Le monde du Smartphone et d'Internet est plein de possibilités.
Résumez l'article et donnez votre avis personnel sur ce phénomène.

Dialogue

Vous voulez participer à un concours du ministère de l'éducation avec le titre :
« Comment peut-on assurer la personnalité et l'intimité de chaque utilisateur des nouveaux médias
(Internet, Facebook, Twitter, les Smartphones, les iPhones..) ? »
Parlez des mesures possibles et mettez-vous d'accord sur la plus prometteuse pour la présenter dans votre dossier de candidature.

Paris

Einzel-/Tandemprüfung

Partenaire A

Laurent M sur la ville de Paris

J'ai habité 12 ans à Paris… j'y ai trouvé davantage de liberté et de possibilités que je n'en aurais pu rêver en province… Paris est une ville-monde, de contrastes, absolument saisissante, riche, créative, bouleversante et mouvante, une des plus intéressantes villes qu'il soit donné de voir et d'habiter…

L'internaute www.linternaute.com

Monologue

Présentez la photo.
Paris est souvent dénommée comme « ville-lumière » pleine de diversité et richesse. Résumez l'opinion de Laurent. Est-ce qu'il y a une ville en Allemagne qui pourrait être décrite de la même manière ? Pourquoi (pas) ? Justifiez votre réponse.

Dialogue

Discutez avec votre partenaire.
Comment pourrait-on améliorer la vie des gens défavorisés dans les grandes villes ? Pensez aux mesures politiques et initiatives individuelles possibles pour les groupes en question (les jeunes en quête de travail, les enfants vivant dans la précarité, les personnes âgées sans couverture sociale suffisante, etc. …)

Paris

Einzel-/Tandemprüfung

Partenaire B

De plus en plus de Français pensent « qu'on en fait plus pour les immigrés que pour eux » : la réalité des faits

(…) 67 % des Français estiment que l'on en fait plus pour les immigrés que pour eux. Cette enquête correspond-elle à une réalité ?
Maxime Tandonnet[1] :
La catégorie « immigré » n'existe pas en droit ni dans les politiques publiques françaises. Il faut donc parler d'« étranger en France ». Il est absolument faux d'affirmer que les étrangers présents en France bénéficient d'un point de vue général de privilèges par rapport aux Français. Bien souvent, ils cumulent les handicaps sociaux et familiaux, occupent les emplois les plus pénibles, sont installés dans des banlieues excentrées, parfois sordides, de même que les collèges où sont scolarisés leurs enfants.

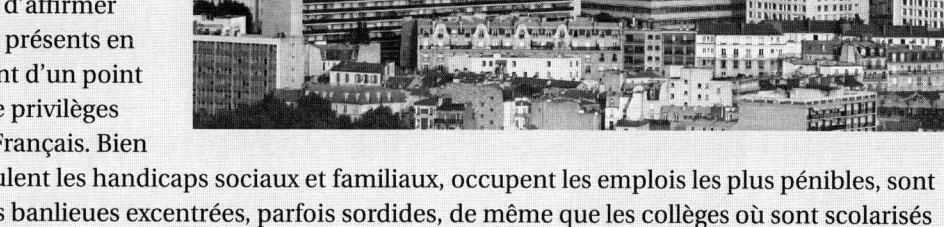

© www.atlantico.fr 2013, Fabrice Madouas

1 **Maxime Tandonnet** est un ancien conseiller de Nicolas Sarkozy au ministère de l'Intérieur et à l'Élysée.

Monologue

Présentez d'abord la photo et après les remarques sur les immigrés en France.
Dans les cités des grandes villes comme Paris, on constate des problèmes graves et des actes violents qui tournent parfois en émeutes. En partant des « handicaps sociaux et familiaux » cités dans le texte ci-dessus, imaginez et présentez des raisons possibles de ces difficultés.

Dialogue

Discutez avec votre partenaire.
Comment pourrait-on améliorer la vie des gens défavorisés dans les grandes villes ? Pensez aux mesures politiques et initiatives individuelles possibles pour les groupes en question (les jeunes en quête de travail, les enfants vivant dans la précarité, les personnes âgées sans couverture sociale suffisante, etc. …)

Le monde du travail

Einzel-/Tandemprüfung

Partenaire A

La recherche d'un emploi est un véritable travail en soi. C'est une tâche parfois de longue haleine.

http://voyagesenfrancais.fr/spip.php?article97&lang=fr#.Uqc10Se8CSo

Monologue

Présentez la caricature.
Pour les jeunes d'aujourd'hui, l'orientation professionnelle est complexe.
Expliquez d'abord en détail la citation ci-dessus.
Ensuite donnez votre avis personnel sur le sujet abordé.

Dialogue

Dans la société actuelle, beaucoup de jeunes se sentent débordés par les exigences du monde du travail dans la société moderne. Comment les aider ?
Présentez des mesures qui vous paraissent adaptées pour faciliter la réussite professionnelle de la jeune génération.
Ensuite, mettez-vous d'accord sur celle qui vous semble la plus efficace.

Le monde du travail

Einzel-/Tandemprüfung

Partenaire B

Étudier à l'étranger avec ERASMUS : l'expérience d'une vie !

Outre les bénéfices que tu en retireras sur le plan pédagogique, culturel et personnel, une année ERASMUS peut donner un véritable coup de fouet à ta future carrière.

http://europa.eu/youth/article/%C3%A9tudier-%C3%A0-l%C3%A9tranger-avec-erasmus-lexp%C3%A9rience-dune-vie_fr

Monologue

Présentez la photo.
Beaucoup de jeunes veulent faire leurs études à l'étranger.
Expliquez d'abord les arguments présentés dans l'extrait ci-dessus en donnant des exemples illustratifs.
Ensuite donnez votre avis personnel sur le sujet abordé.

Dialogue

Dans la société actuelle, beaucoup de jeunes se sentent débordés par les exigences du monde du travail dans la société moderne. Comment les aider ?
Présentez des mesures qui vous paraissent adaptées pour faciliter la réussite professionnelle de la jeune génération.
Ensuite, mettez-vous d'accord sur celle qui vous semble la plus efficace.

L'économie

Einzel-/Tandemprüfung

Partenaire A

La mondialisation

Ce processus de globalisation, entendu notamment comme
5 une transformation profonde des modes de production, d'échange et de communication dans le capitalisme, n'est pas un
10 simple décor (…).
Il faut ici distinguer un processus de globalisation qui traverse (…) les activités économiques, d'une
15 mondialisation envisagée comme l'homogénéisation sociale, culturelle et politique censée résulter d'une circulation croissante des
20 marchandises.

„La mondialisation n'existe pas : Regards sur les expériences singulières du travail globalisé", Didry Claude et al., in *Travail globalisé, travail singulier, L'Homme et la société* n° 152–153, 2004/2, © Editions l'Harmattan

Monologue

Présentez le dessin et expliquez quels aspects de la mondialisation sont illustrés.
Expliquez les effets de la mondialisation mentionnés dans l'extrait ci-dessus et décrivez dans quels domaines de votre vie quotidienne la mondialisation joue un rôle important.

Dialogue

De nos jours, le développement durable nous paraît une piste de solution prometteuse pour sauvegarder notre planète et proposer un avenir positif aux futures générations.
Discutez des mesures possibles au niveau politique, social, éthique, économique et écologique.
À la fin, mettez-vous d'accord sur un moyen qui vous paraît spécialement facile à réaliser pour vous-mêmes.

L'économie

Einzel-/Tandemprüfung

Partenaire B

La mondialisation

Au sujet de la nourriture, il est important de savoir pourquoi on a aujourd'hui accès à une telle diversité d'aliments. C'est
5 essentiellement pour quatre raisons :
Les mécanismes de pourrissement des fruits et légumes sont mieux connus et les techniques pour le contrôler et l'éviter sont en amélioration permanente. La possibilité
10 de conserver longtemps des aliments est un élément crucial dans la mondialisation de ceux-ci. Les aliments voyagent beaucoup plus vite. Ils ont donc peu de temps pour se dégrader. Le prix du transport a par ailleurs
15 connu une diminution énorme depuis 1900. Les aliments sont produits et transportés en masse, ce qui permet également de diminuer leur coût unitaire de production et de transport.
20 Quand c'est l'hiver ici, c'est l'été ailleurs et vice versa. Cette situation naturelle, combinée aux facilités de transport d'aujourd'hui, permet d'avoir accès, en permanence ou presque, à tous les fruits et les légumes.

© Iles de Paix, ONG belge de développement fondée par Dominique Pire, prix Nobel de la Paix 1958 – www.ilesdepaix.org

Monologue

Présentez la photo.
Expliquez les facteurs qui favorisent la mondialisation de la nourriture selon le texte ci-dessus.
Vous-mêmes, êtes-vous favorable à un tel développement ? Exposez votre opinion face à ce phénomène.

Dialogue

De nos jours, le développement durable nous paraît une piste de solution prometteuse pour sauvegarder notre planète et proposer un avenir positif aux futures générations.
Discutez des mesures possibles au niveau politique, social, éthique, économique et écologique.
À la fin, mettez-vous d'accord sur un moyen qui vous paraît spécialement facile à réaliser pour vous-mêmes.

Les loisirs

Einzel-/Tandemprüfung

Partenaire A

« Je l'ai tout le temps dans la main »

Sandrine, 27 ans

Mon portable, je ne peux pas m'en séparer. Je l'ai tout le temps dans la main. Évidemment, il est toujours allumé. (…), je suis addict. À tel point que la nuit, je dors quasiment avec lui. Et s'il sonne, je me jette dessus. Quand je suis sous la douche, je le pose dans la salle de bains. J'essaie de me retenir de décrocher quand je mange. En fait, je crois que j'ai toujours peur de rater quelque chose.

© Margaux Rambert pour *Psychologies magazine* (http://www.psychologies.com/Culture/Medias/Articles-et-Dossiers/Mon-portable-et-moi)

Monologue

Présentez la photo.
Presque tous les jeunes d'aujourd'hui possèdent un smartphone.
Résumez l'opinion de Sandrine et donnez votre avis personnel sur le sujet abordé.

Dialogue

La société actuelle se voit confrontée à des problèmes différents qui touchent surtout les jeunes :
la surconsommation d'alcool, l'addiction aux médias, le manque de perspectives professionnelles etc.
Faites un bilan et développez des idées pour une vision positive du futur des jeunes.

Les loisirs

Einzel-/Tandemprüfung

Partenaire B

Le Service Animation Jeunesse

Il met à la disposition des jeunes âgés de 11 à 17 ans des activités de loisirs, sportives et culturelles tout au long de l'année et durant les vacances scolaires. Il a pour mission de développer des actions d'animation, d'éducation et de loisirs en faveur des enfants et des jeunes de la commune (…).
5 À travers les activités, le jeune va développer son intérêt, sa curiosité, sa créativité, son imagination, afin de tendre vers une évolution progressive et durable, à savoir son autonomie, sa sociabilité, son sens des responsabilités et du respect de soi et des autres et de son désir de citoyenneté.

© Ville de Loos – Hôtel de ville

Monologue

Présentez la photo.
Dans quelle mesure les loisirs peuvent-ils développer la personnalité d'un jeune ?
Résumez les arguments donnés dans l'extrait ci-dessus et donnez votre avis en parlant de vos expériences personnelles.

Dialogue

La société actuelle se voit confrontée à des problèmes différents qui touchent surtout les jeunes :
la surconsommation d'alcool, l'addiction aux médias, le manque de perspectives professionnelles etc.
Faites un bilan et développez des idées pour une vision positive du futur des jeunes.

La culture

Einzel-/Tandemprüfung

Partenaire A

Le goût de la lecture, une responsabilité qui incombe aux parents

Si les parents considèrent que la lecture est un enjeu capital pour leur progéniture, les enfants, pour leur part, ont toujours un peu de mal à ouvrir un livre. 95 % des parents estiment qu'il est important que leurs enfants lisent, et pour 41 % la lecture est indispensable.

La lecture chez les enfants du primaire et du secondaire – Septembre 2013

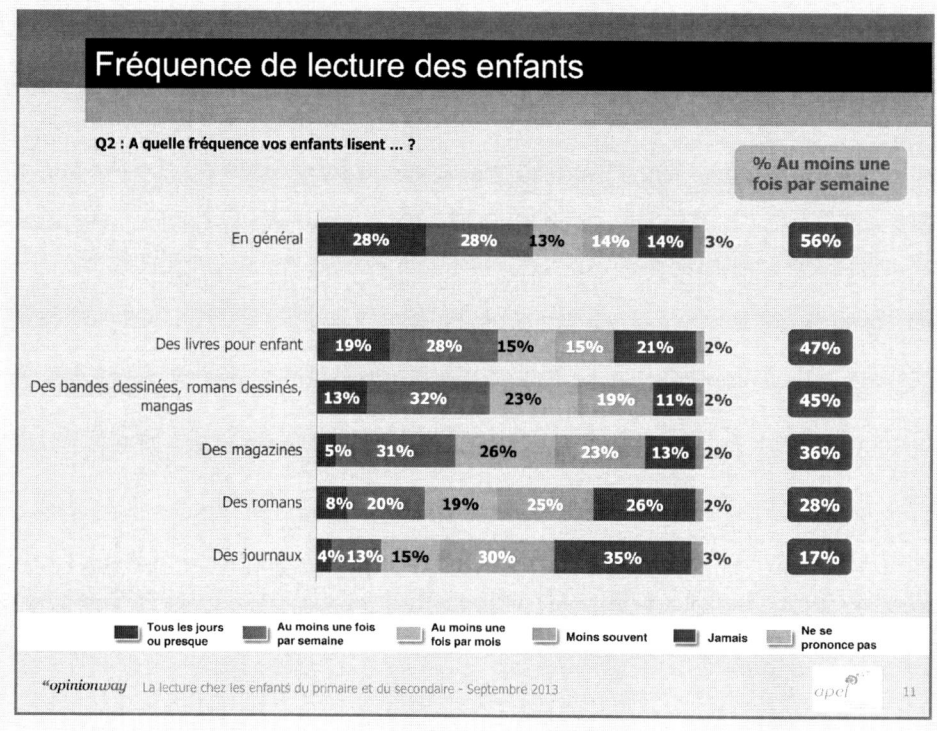

© actualitte.com, 15.10.2013

Monologue

Présentez brièvement l'infographie.
La consommation de biens culturels influence la vie quotidienne des jeunes. La statistique et le texte ci-dessus montrent le rôle de la lecture dans la société pour les jeunes et les adultes.
Exposez les faits présentés ci-dessus.
Parlez du rôle de la lecture dans votre vie (p. ex. à l'école, pendant votre temps libre, en vacances…).

Dialogue

Quels sont les intérêts culturels des jeunes d'aujourd'hui ? Faites un bilan à partir de vos propres observations.
Après, discutez comment on pourrait éveiller l'intérêt pour des domaines moins connus ou moins aimés.
Mettez-vous d'accord sur les trois mesures qui vous semblent les plus efficaces.

La culture

Einzel-/Tandemprüfung

Partenaire B

Zaz, c'est une sacrée voix, et ce sera la révélation de l'été ! (…) Pour la voix, c'est un sans-faute. Zaz est incontestablement dotée de capacités vocales assez peu communes, (…) façon chanteuse (…) de l'entre-deux-guerres… Pour le reste, on est hélas beaucoup plus circonspect. Zaz pourra peut-être, en effet, s'installer dans les playlists de l'été.

Le 15/05/2010 – Mise à jour le 12/09/2013 à 19h55 Valérie Lehoux – Telerama n° 3148 circonspect prudent

lydie (10/02) génial, enfin quelque chose qui sort de l'ordinaire, des textes qui décrivent la réalité, des choses de la vie, belles paroles et musique, c'est une artiste !!! bravo ZAZ, continue, je t'encourage, bises !!!!!!!!!!!!!!!

http://www.staragora.com/star/zaz/commentaires/1

Monologue

Présentez la photo.
Zaz est une jeune chanteuse très populaire. Présentez ses qualités telles qu'elles sont décrites dans les deux critiques ci-dessus.
D'après vous, quelles sont les capacités exceptionnelles d'un(e) vrai(e) artiste ?

Dialogue

Quels sont les intérêts culturels des jeunes d'aujourd'hui ? Faites un bilan à partir de vos propres observations.
Après, discutez comment on pourrait éveiller l'intérêt pour des domaines moins connus ou moins aimés.
Mettez-vous d'accord sur les trois mesures qui vous semblent les plus efficaces.

Les médias

Einzel-/Tandemprüfung

Partenaire A

Les jeunes et les Smartphones

Presque tous les jeunes ont un Smartphone ou une tablette, c'est devenu un outil
5 indispensable pour « paraître ». Un élève sur quatre possède un iPad, et 90% un smartphone. Jouer, prendre des notes pour les cours ou faire des recherches,
10 communiquer, faire du sport, prendre des photos, lire, écouter de la musique, regarder des films… Les jeunes utilisent maintenant leurs appareils
15 mobiles pour chaque geste du quotidien et garde à tout instant un œil rivé à leurs écrans. Souvent, ils ne s'imaginent même pas que tout cela était
20 et reste possible sans ! On comprend mieux pourquoi ne pas en posséder est devenu un facteur d'exclusion important chez les jeunes.

Monologue

Présentez la photo.
Dans la vie quotidienne, beaucoup de jeunes se servent des nouvelles technologies. Résumez les utilisations mentionnées dans l'extrait ci-dessus et donnez votre avis personnel sur le sujet abordé.

Dialogue

Comment voyez-vous le rôle de la politique, de la société, des professeurs et des parents quant à une éducation critique vis-à-vis des médias ?
Sous quelle forme des mesures vous paraissent-elles efficaces ?
Prenez position et donnez votre opinion en la justifiant.

Les médias

Einzel-/Tandemprüfung

Partenaire B

Happy Slapping

Le Happy Slapping, c'est ce jeu d'adolescents qui consiste à filmer une agression pour ensuite la diffuser sur le net. (…) Des ados un peu paumés, passent leur temps à filmer des défis plus fous et idiots les uns que les autres et à les poster sur leur blog. Avec l'arrivée d'Iris, leurs jeux deviennent de moins en moins anodins et leur révolte de plus en plus palpable.
Perdus dans le chaos d'une société en crise, sans repère ni limite, ces (…) jeunes se voient comme la génération dont personne n'a voulu.

http://www.cryotopsie.be/?p=655

Monologue

Présentez la photo.
De plus en plus, le phénomène « happy slapping » est répandu parmi les jeunes.
Résumez l'extrait ci-dessus et donnez votre avis personnel sur le sujet abordé.

Dialogue

Comment voyez-vous le rôle de la politique, de la société, des professeurs et des parents quant à une éducation critique vis-à-vis des médias ?
Sous quelle forme des mesures vous paraissent-elles efficaces ?
Prenez position et donnez votre opinion en la justifiant.

La politique

Einzel-/Tandemprüfung

Partenaire A

Ce que les jeunes attendent de François Hollande

Abrogation de la « circulaire Guéant », créations de postes
5 dans l'Éducation nationale, mariage homosexuel. Une semaine après l'élection de François Hollande qui s'est dit vouloir être « le Président
10 de la jeunesse », des étudiants confient leurs espoirs et leurs craintes.

la circulaire Guéant le fait de limiter la possibilité pour les étudiants étrangers diplômés de travailler en France

© NORD ECLAIR. 14/05/2012. HEDWIGE HORNOY

Monologue

Présentez la photo.
Parlez des espoirs des jeunes face à leur Président mentionnés dans le texte ci-dessus.
Est-ce qu'il y des attentes similaires en Allemagne envers le gouvernement actuel parmi les jeunes ?
Pourquoi (pas) ? Justifiez votre réponse.

Dialogue

En dehors du vote à 16 ans, comment pourrait-on mobiliser les jeunes pour la politique et éveiller leur engagement pour des organisations et projets politiques ? Pensez aux mesures qui pourraient vous motiver personnellement. Discutez avec votre partenaire.

La politique

Einzel-/Tandemprüfung

Partenaire B

À quel âge le droit de vote ?

La ministre de la Famille, Dominique Bertinotti, a annoncé cette semaine réfléchir à un statut de pré-majorité.
5 Ce statut concernerait les 16-18 ans et leur offrirait la possibilité de voter dès 16 ans. Accorder le droit de vote aux moins de 18 ans ? 82% des Français sont catégoriquement
10 contre.
Mais la ministre va encore plus loin et propose une réflexion bien plus générale. « C'est beaucoup plus le constat qu'aujourd'hui nous avons
15 des jeunes et des adolescents qui peuvent commencer à travailler à 16 ans, dont la majorité sexuelle est à 15 ans, avec des droits dans certains cas, mais aussi des incapacités dans d'autres. »

Monologue

Présentez la photo.
Voter à l'âge de 16 ans ? Pesez le pour et le contre de cette question en tenant compte des arguments avancés dans le texte ci-dessus.

Dialogue

Discutez avec votre partenaire.
En dehors du vote à 16 ans, comment pourrait-on mobiliser les jeunes pour la politique et éveiller leur engagement pour des organisations et projets politiques ? Pensez aux mesures qui pourraient vous motiver personnellement.

France, Allemagne, Europe

Einzel-/Tandemprüfung

Partenaire A

La chance d'être unis

« Notre chance, c'est d'être unis », a souligné la chancelière, tandis que François Hollande proposait, comme Charles de Gaulle à l'époque, de « franchir ensemble une nouvelle porte sur des années qui rendront encore plus étroite l'amitié entre deux nations ». « Nous n'héritons pas d'une amitié, nous la renouvelons à chaque generation », a-t-il ajouté devant des centaines de Rémois réunis sur le parvis
5 de la cathédrale gothique très ouvragée, gravement endommagée durant la Première Guerre mondiale. Le Président, comme la chancelière, ont dit vouloir bâtir un pont entre la réconciliation d'hier et la construction européenne. « Nous devons aujourd'hui parachever au niveau politique l'union économique et monétaire. C'est un travail digne d'Hercule mais l'Europe en est capable », a assuré Angela Merkel.

© www.20minutes.fr

1 **les Rémois** les habitants de Reims

Monologue

Comparez les deux photos.
Expliquez les idées centrales du texte ci-dessus.
Ensuite, parlez de l'état actuel des relations franco-allemandes.
À la fin, donnez votre opinion personnelle concernant l'avenir de l'amitié entre les deux pays.

Dialogue

Dans quel sens pourriez-vous profiter personnellement de l'amitié franco-allemande dans l'avenir ? Pensez à vos études, votre vie professionnelle et privée. Présentez vos idées à votre partenaire et discutez des avantages et des impondérabilités possibles.

France, Allemagne, Europe

Einzel-/Tandemprüfung

Partenaire B

Les Allemands vus par les Français
« Les Allemands sont plus écolos que les Français. »
« Les Allemands ne roulent qu'en Mercedes ou en BMW. »
« Les Allemands ne boivent que de la bière. »

5

Les Français vus par les Allemands
« Les Français sont toujours en grève ou en vacances. »
« Le fromage est l'aliment de base des Français. »
« Les Français sont nuls en langues étrangères. »

http://www.elysee50.de/Idees-recues-sur-la-France-et-l,6764.html

Monologue

Présentez la photo.
À partir du texte ci-dessus, exposez les idées reçues sur la France et l'Allemagne.
Comment peut-on éviter les préjugés ? Donnez des exemples concrets.

Dialogue

Dans quel sens pourriez-vous profiter personnellement de l'amitié franco-allemande dans l'avenir ? Pensez à vos études, votre vie professionnelle et privée. Présentez vos idées à votre partenaire et discutez des avantages et des impondérabilités possibles.

La francophonie

Einzel-/Tandemprüfung

Partenaire A

Pourquoi le Maroc ?

Traverser le détroit de Gibraltar par la voie des airs ou celle de la mer pour entrer au royaume des
5 milles et une nuit, bien des raisons peuvent nous y pousser. Ce pays multiculturel regorge d'influences diverses, arabes, françaises, africaines. Elles s'unissent pour
10 donner naissance à cette culture unique, la culture marocaine.

Le Maroc se distingue par ses contrastes de couleurs, d'odeurs, de lieux, mais aussi de saveurs par
15 sa cuisine surprenante que vous ne manquerez pas d'apprécier si vous vous y rendez.

Monologue

Présentez la photo.
La francophonie est un espace très riche et donc très intéressant à découvrir. Exposez les aspects attrayants nommés par l'auteur et comparez-les à vos idées personnelles sur le Maghreb.

Dialogue

Après le bac, vous avez l'intention de partir ensemble dans un pays francophone pour participer à un projet social ou écologique.
Quel pays francophone vous attirerait le plus ?
Mettez-vous d'accord avec votre partenaire sur un pays et un projet qui pourraient vous intéresser tous les deux.

La francophonie

Einzel-/Tandemprüfung

Partenaire B

Les vacances au Canada, un dépaysement assuré

Avec un territoire de plus de 9 millions de km² de montagnes, de canyons, de lacs et de torrents mais aussi de forêts et de vastes prairies, le Canada offre une variété de paysages exceptionnelle pour des vacances au Canada réussies.

Il n'est pas surprenant que plus de 20 millions de touristes viennent chaque année passer leurs vacances au Canada. Qu'ils soient passionnés de nature et d'espaces vierges à perte de vue, ou plutôt tentés de connaître le pays à travers ses grandes villes (…).
Passer des vacances au Canada, c'est aller à la rencontre de ses villes, de sa nature, et surtout des Canadiens si accueillants et attachants.

www.grand-elan.com

Monologue

Présentez la photo.
La francophonie est un espace très riche et donc très intéressant à découvrir. Exposez les aspects nommés dans le texte ci-dessus et comparez-les à vos idées personnelles sur le Canada francophone.

Dialogue

Après le bac, vous avez l'intention de partir ensemble dans un pays francophone pour participer à un projet social ou écologique.
Quel pays francophone vous attirerait le plus ?
Mettez-vous d'accord avec votre partenaire sur un pays et un projet qui pourraient vous intéresser tous les deux.

L'histoire

Einzel-/Tandemprüfung

Partenaire A

L'appel du
18 juin 1940

L'enseignement de l'histoire

Aujourd'hui comme hier, l'enseignement de l'histoire garde toute son importance. En France, cette matière est en effet une discipline indispensable car l'école forme ainsi des citoyens. C'est pourquoi l'histoire et la géographie restent toujours une seule matière. Garder mémoire des évènements, des
5 lieux, des personnages qui ont fondé le système dans lequel nous vivons, c'est être capable de voir à temps les dérives qui risqueraient de répéter des erreurs du passé. L'enseignement de l'histoire nous montre d'ailleurs que le présent n'existe que par un passé qui l'a construit en apprenant de ses erreurs.

Monologue

Présentez la photo.
Pourquoi l'histoire est-elle considérée comme une matière scolaire importante ?
Exposez les idées centrales du texte et donnez votre opinion en justifiant votre position.

Dialogue

Quels événements historiques en France ou en Allemagne vous paraissent spécialement importants à garder en mémoire ? Donnez un ou deux exemples et expliquez votre choix.
Après, réfléchissez ensemble sur des mesures politiques et individuelles qui vous paraissent adaptées pour ne pas oublier le passé.

L'histoire

Einzel-/Tandemprüfung

Partenaire B

L'importance de la Cour de **Louis XIV** prenait valeur en l'art, la littérature, la musique, le théâtre et les sports. Par conséquent dans le palais de Louis XIV vivaient un grand nombre des meilleurs artistes et hommes de littérature de cette époque.

http://prezi.com/wtqvdw6vojse/limportance-de-la-cour-de-louis-xiv/

Pour la plupart des Français, **Napoléon Bonaparte** (…) est le symbole de la grandeur de la France (…), le grand homme qui a laissé sa marque dans l'Histoire, (…) charismatique et ambitieux, (…) l'Empereur des Français. (…)
Il a laissé son empreinte sur la France grâce à ses nombreuses réformes, notamment institutionnelles.

L'internaute www.linternaute.com

Monologue

Présentez les photos.
Certains personnages historiques ont influencé profondément la vie moderne. Exposez les exemples donnés dans les extraits ci-dessus.
Ensuite donnez votre propre opinion à l'égard de cette thèse et illustrez-la à l'aide d'exemples.

Dialogue

Quels événements historiques en France ou en Allemagne vous paraissent spécialement importants à garder en mémoire ? Donnez un ou deux exemples et expliquez votre choix.
Après, réfléchissez ensemble sur des mesures politiques et individuelles qui vous paraissent adaptées pour ne pas oublier le passé.

La géographie

Einzel-/Tandemprüfung

Partenaire A

Marseille, capitale européenne de la culture... ou de la spéculation ?

Profitant du label de capitale européenne de la culture, accordé en 2013, la cité phocéenne
5 réhabilite à tout va. Si les vastes projets de rénovation urbaine font le bonheur de la spéculation immobilière, il n'en est pas de même pour les habitants des
10 quartiers populaires historiques du centre-ville. Absence de concertation et exclusions accompagnent les réhabilitations. Quant aux projets culturels, ils
15 servent davantage l'attractivité touristique que le bien-être des habitants.

Basta! www.bastamag.net

Monologue

Présentez la photo.
À l'aide du texte ci-dessus, parlez des avantages et des inconvénients de la nomination de Marseille comme capitale européenne de la culture 2013.
Comment pourrait-on mieux réussir un tel défi ? Imaginez quelques démarches que vous jugez prometteuses et expliquez-les.

Dialogue

Pour récompenser vos efforts scolaires, votre professeur vous propose de faire un voyage en France après le bac.
Il vous demande de lui présenter un projet concret qui correspond à vos envies et idées.
Avec votre partenaire, mettez-vous d'accord sur les détails (vos buts, la destination, la date, les moyens de transport, le budget, l'hébergement, les activités etc.).

La géographie

Einzel-/Tandemprüfung

Partenaire B

L'histoire du Mont Saint-Michel

Depuis mille ans, le Mont Saint-Michel domine la mer et protège la côte française des ennemis. Son histoire fascinante montre à la fois de la foi, du courage et des talents humains extraordinaires. La « Merveille de l'Occident » est un chef-d'œuvre du patrimoine mondial de l'humanité pour lequel les Bretons et les Normands se disputent toujours.

L'Abbaye du Mont-Saint-Michel est toujours utilisée par un ordre religieux, chaque jour, elle est visitée par de nombreux touristes qui viennent admirer le panorama et l'architecture de ce bâtiment très spécial autour duquel s'est construit toute la ville.

Monologue

Présentez la photo.
La richesse du patrimoine : Exposez les aspects mentionnés dans le texte ci-dessus.
Quels autres sites touristiques à valeur historique exceptionnelle connaissez-vous en France ?
Choisissez-en deux et présentez-les en détail.

Dialogue

Pour récompenser vos efforts scolaires, votre professeur vous propose de faire un voyage en France après le bac.
Il vous demande de lui présenter un projet concret qui correspond à vos envies et idées.
Avec votre partenaire, mettez-vous d'accord sur les détails (vos buts, la destination, la date, les moyens de transport, le budget, l'hébergement, les activités etc.).

L'écologie

Einzel-/Tandemprüfung

Partenaire A

AVEC LES OGM, PRÉPARONS L'ALIMENTATION DE DEMAIN

Alimentation : quels risques présentent les OGM pour notre santé ?

Après 20 ans de commercialisation, les organismes génétiquement modifiés (OGM) représentent déjà 175 millions d'hectares (soja, maïs, coton) répartis sur toute la planète. Des dangers ?
C'est évident qu'il y en a pour l'environnement, la contamination des espèces non transgéniques ou la
5 standardisation de l'agriculture.
Mais quels sont les dangers pour la santé humaine ?
Après 20 ans, aucun organisme n'a pu établir une étude à long terme sur le sujet. On n'a pas pu prouver si les OGM sont dangereux pour l'homme ou pour les animaux. Toutefois, beaucoup de spécialistes s'accordent à dire que les risques potentiels sont réels.

Monologue

Présentez l'illustration.
Se nourrir de façon équilibrée devient de plus en plus important dans la société.
D'après vous, quels sont les facteurs qui caractérisent les risques des OGM ?
Présentez-les en tenant compte des informations du texte ci-dessus et donnez aussi d'autres exemples.

Dialogue

Nous prenons de plus en plus conscience du fait que notre planète est menacée.
Comment peut-on lutter pour un meilleur avenir de la planète ?
Discutez des mesures possibles à un niveau personnel et politique.
À la fin, mettez-vous d'accord sur celle qui vous paraît la plus urgente et parlez-en en détail.

L'écologie

Einzel-/Tandemprüfung

Partenaire B

Le taux de recyclage des plastiques

On recycle moins de 20 % du plastique en France en 2012 : le reste, soit 3,3 millions de tonnes, finit en décharge ! La France est classée à une médiocre 21ème place européenne malgré quelques progrès (le taux de recyclage était de 17,5 % en 2000).
5 Mais au rythme actuel, il faudrait entre 20 et 40 ans pour parvenir à 100 % de recyclage du plastique en France.

www.consoglobe.com

Monologue

Présentez la photo.
Le recyclage est un enjeu important pour protéger l'environnement.
Parlez des faits exposés dans l'extrait donné et comparez la situation en France à celle en Allemagne.

Dialogue

Nous prenons de plus en plus conscience que notre planète est menacée.
Comment peut-on lutter pour un meilleur futur de la terre ?
Discutez des mesures possibles à un niveau national et international.
À la fin, mettez-vous d'accord sur celle qui vous paraît la plus urgente et parlez-en en détail.

Vers l'âge adulte – rapports humains

Einzel-/Tandemprüfung

Partenaire A

Peine d'amour

Juju – fille – 17 ans

Bonjour ! À 14 ans, j'ai rencontré mon premier petit ami. Mes
5 parents étaient contre notre relation, ils m'empêchaient de sortir avec lui, ils ont même appelé ses parents pour se plaindre ! Nous sommes quand
10 même restés ensemble 3 ans. Il y a 2 mois, il m'a quittée pour une autre mais nous étions encore très proches, il me téléphonait souvent. Je gardais toujours espoir
15 et j'étais très malheureuse. Et j'ai essayé d'en parler avec mes parents mais ils m'ont dit « On te l'avait bien dit ! C'est mieux ainsi et de toute façon, t'es trop bien
20 pour lui. » Je n'avais plus le droit d'en parler, ni de montrer que j'étais malheureuse, c'était une situation impossible pour moi. J'ai fini par couper le contact, je fais
25 comme si je ne le connaissais pas, c'est plus simple pour moi, même si…

Monologue

Présentez la photo.
Pendant leur adolescence, beaucoup de jeunes pensent que la famille, c'est comme une prison.
Résumez l'opinion de Juju et donnez votre avis personnel sur le sujet abordé.

Dialogue

En dehors du fait que le modèle de la famille traditionnelle est en crise, la société actuelle
est confrontée à de graves problèmes politiques, sociaux, économiques, écologiques et éthiques.
Faut-il avoir peur de l'avenir ?
Prenez position en tenant compte de votre rôle en tant que représentant(e) de la jeune génération.

Vers l'âge adulte – rapports humains

Einzel-/Tandemprüfung

Partenaire B

Problème de communication avec ma mère

Vanilledu22 – fille – 16 ans

5   Hier, je me suis encore disputée avec ma mère. Elle et moi, on s'entendait bien avant, on faisait du dessin ensemble ou on allait à la plage, elle adorait ça ! Maintenant, rien que l'idée… C'est vrai que je préfère
10 passer du temps sur mon ordi ou dans ma chambre et que je ferme toujours la porte à clé. C'est juste qu'en ce moment, je ne la supporte pas ! Elle rentre dans ma chambre sans prévenir… Ses remarques me semblent
15 tellement… bêtes ! Je me demande parfois si je ne suis pas trop méchante avec elle, elle ne comprend rien à mon monde, mais ce n'est pas de sa faute si elle est vieille. Quand je suis de bonne humeur, je lui propose de
20 faire quelque chose, je sais que ça lui fait toujours très plaisir mais ça tourne toujours au désastre…

Monologue

Présentez la photo.
Dans la vie familiale, beaucoup de parents et d'enfants se sentent démunis quand ils ont des problèmes entre eux. Résumez l'opinion de Vanilledu22 et donnez votre avis personnel sur le sujet abordé.

Dialogue

En dehors du fait que le modèle de la famille traditionnelle est en crise la société actuelle est confrontée à de graves problèmes politiques, sociaux, économiques, écologiques et éthiques.
Faut-il avoir peur de l'avenir ?
Prenez position en tenant compte de votre rôle en tant que représentant(e) de la jeune génération.

Une certaine idée de la France / Société multi-ethnique – Vivre à Paris et en province/ marginalisation

Einzel-/Tandemprüfung

Partenaire A

Laurent M sur la ville de Paris

J'ai habité 12 ans à Paris… j'y ai trouvé davantage de liberté et de possibilités que je n'en aurais pu rêver en province… Paris est une ville-monde, de contrastes, absolument saisissante, riche, créative, bouleversante et mouvante, une des plus intéressantes villes qu'il soit donné de voir et d'habiter…

L'internaute www.linternaute.com

Monologue

Présentez la photo.
Paris est souvent dénommée comme « ville-lumière » pleine de diversité et richesse. Résumez l'opinion de Laurent.
Est-ce qu'il y a une ville en Allemagne qui pourrait être décrite de la même manière ? Pourquoi (pas) ? Justifiez votre réponse.

Dialogue

Discutez avec votre partenaire.
Comment pourrait-on améliorer la vie des gens défavorisés dans les grandes villes ? Pensez aux mesures politiques et initiatives individuelles possibles pour les groupes en question (les jeunes en quête de travail, les enfants vivant dans la précarité, les personnes âgées sans couverture sociale suffisante, etc. …)

Une certaine idée de la France / Société multi-ethnique – Vivre à Paris et en province/ marginalisation

Einzel-/Tandemprüfung

Partenaire B

De plus en plus de Français pensent « qu'on en fait plus pour les immigrés que pour eux » : la réalité des faits

(...) 67 % des Français estiment que l'on en fait plus pour les immigrés que pour eux. Cette enquête correspond-elle à une réalité ?
Maxime Tandonnet[1] :
La catégorie « immigré » n'existe pas en droit ni dans les politiques publiques françaises. Il faut donc parler « d'étranger en France ». Il est absolument faux d'affirmer que les étrangers présents en France bénéficient d'un point de vue général de privilèges par rapport aux Français. Bien souvent, ils cumulent les handicaps sociaux et familiaux, occupent les emplois les plus pénibles, sont installés dans des banlieues excentrées, parfois sordides, de même que les collèges où sont scolarisés leurs enfants.

© www.atlantico.fr 2013, Fabrice Madouas

1 **Maxime Tandonnet** est un ancien conseiller de Nicolas Sarkozy au ministère de l'Intérieur et à l'Élysée.

Monologue

Présentez d'abord la photo et après les remarques sur les immigrés en France.
Dans les cités des grandes villes comme Paris, on constate des problèmes graves et des actes violents qui tournent parfois en émeutes. En partant des « handicaps sociaux et familiaux » cités dans le texte ci-dessus, imaginez et présentez des raisons possibles de ces difficultés.

Dialogue

Discutez avec votre partenaire.
Comment pourrait-on améliorer la vie des gens défavorisés dans les grandes villes ? Pensez aux mesures politiques et initiatives individuelles possibles pour les groupes en question (les jeunes en quête de travail, les enfants vivant dans la précarité, les personnes âgées sans couverture sociale suffisante, etc. ...)

Les loisirs

Einzel-/Tandemprüfung

Partenaire A

« Je l'ai tout le temps dans la main »

Sandrine, 27 ans

Mon portable, je ne peux pas m'en séparer. Je l'ai tout le temps dans la main. Évidemment, il est toujours allumé. (…), je suis addict. À tel point que la nuit, je dors quasiment avec lui. Et s'il sonne, je me jette dessus. Quand je suis sous la douche, je le pose dans la salle de bains. J'essaie de me retenir de décrocher quand je mange. En fait, je crois que j'ai toujours peur de rater quelque chose.

© Margaux Rambert pour *Psychologies magazine* (http://www.psychologies.com/Culture/Medias/Articles-et-Dossiers/Mon-portable-et-moi)

Monologue

Présentez la photo.
Presque tous les jeunes d'aujourd'hui possèdent un smartphone.
Résumez l'opinion de Sandrine et donnez votre avis personnel sur le sujet abordé.

Dialogue

La société actuelle se voit confrontée à des problèmes différents qui touchent surtout les jeunes :
la surconsommation d'alcool, l'addiction aux médias, le manque de perspectives professionnelles etc.
Faites un bilan et développez des idées pour une vision positive du futur des jeunes.

Les loisirs

Einzel-/Tandemprüfung

Partenaire B

Le Service Animation Jeunesse

Il met à la disposition des jeunes âgés de 11 à 17 ans des activités de loisirs, sportives et culturelles tout au long de l'année et durant les vacances scolaires. Il a pour mission de développer des actions d'animation, d'éducation et de loisirs en faveur des enfants et des jeunes de la commune (…).
5 À travers les activités, le jeune va développer son intérêt, sa curiosité, sa créativité, son imagination, afin de tendre vers une évolution progressive et durable, à savoir son autonomie, sa sociabilité, son sens des responsabilités et du respect de soi et des autres et de son désir de citoyenneté.

© Ville de Loos – Hôtel de ville

Monologue

Présentez la photo.
Dans quelle mesure les loisirs peuvent-ils développer la personnalité d'un jeune ?
Résumez les arguments donnés dans l'extrait ci-dessus et donnez votre avis en parlant de vos expériences personnelles.

Dialogue

La société actuelle se voit confrontée à des problèmes différents qui touchent surtout les jeunes :
la surconsommation d'alcool, l'addiction aux médias, le manque de perspectives professionnelles etc.
Faites un bilan et développez des idées pour une vision positive du futur des jeunes.

La culture

Einzel-/Tandemprüfung

Partenaire A

Le goût de la lecture, une responsabilité qui incombe aux parents

Si les parents considèrent que la lecture est un enjeu capital pour leur progéniture, les enfants, pour leur part, ont toujours un peu de mal à ouvrir un livre. 95 % des parents estiment qu'il est important que leurs enfants lisent, et pour 41 % la lecture est indispensable.

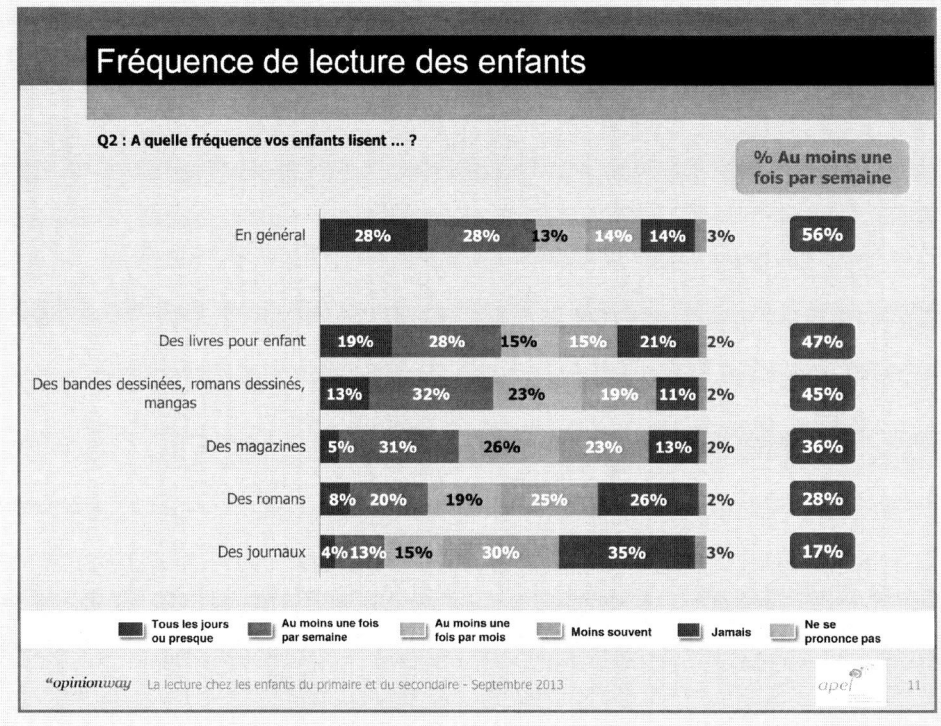

© actualitte.com, 15.10.2013

Monologue

Présentez brièvement l'infographie.
La consommation de biens culturels influence la vie quotidienne des jeunes. La statistique et le texte ci-dessus montrent le rôle de la lecture dans la société pour les jeunes et les adultes.
Exposez les faits présentés ci-dessus.
Parlez du rôle de la lecture dans votre vie (p. ex. à l'école, pendant votre temps libre, en vacances…).

Dialogue

Quels sont les intérêts culturels des jeunes d'aujourd'hui ? Faites un bilan à partir de vos propres observations.
Après, discutez comment on pourrait éveiller l'intérêt pour des domaines moins connus ou moins aimés.
Mettez-vous d'accord sur les trois mesures qui vous semblent les plus efficaces.

La culture

Einzel-/Tandemprüfung

Partenaire B

Zaz, c'est une sacrée voix, et ce sera la révélation de l'été ! (…) Pour la voix, c'est un sans-faute. Zaz est incontestablement dotée de capacités vocales assez peu communes, (…) façon chanteuse (…) de l'entre-deux-guerres… Pour le reste, on est hélas beaucoup plus circonspect. Zaz pourra peut-être, en effet, s'installer dans les playlists de l'été.

Le 15/05/2010 - Mise à jour le 12/09/2013 à 19h55 Valérie Lehoux – Telerama n° 3148 circonspect prudent

lydie (10/02) génial, enfin quelque chose qui sort de l'ordinaire, des textes qui décrivent la réalité, des choses de la vie, belles paroles et musique, c'est une artiste !!! bravo ZAZ, continue, je t'encourage, bises !!!!!!!!!!!!!!!

http://www.staragora.com/star/zaz/commentaires/1

Monologue

Présentez la photo.
Zaz est une jeune chanteuse très populaire. Présentez ses qualités telles qu'elles sont décrites dans les deux critiques ci-dessus.
D'après vous, quelles sont les capacités exceptionnelles d'un(e) vrai(e) artiste ?

Dialogue

Quels sont les intérêts culturels des jeunes d'aujourd'hui ? Faites un bilan à partir de vos propres observations.
Après, discutez comment on pourrait éveiller l'intérêt pour des domaines moins connus ou moins aimés.
Mettez-vous d'accord sur les trois mesures qui vous semblent les plus efficaces.

Éduquer et être éduqué(e) – Éducation

Einzel-/Tandemprüfung

Partenaire A

Pourquoi tant de pression

Avoir de bonnes notes, être le premier de sa classe, progresser sans cesse… Les professionnels de l'enfance – enseignants, psychologues scolaires, pédopsychiatres – le constatent quotidiennement : le stress lié à la réussite scolaire frappe de plus en plus tôt et de plus en plus fort. Et les parents en sont
5 conscients et inquiets. (…)

© Flavia Mazelin-Salvi pour *Psychologies magazine* (http://www.psychologies.com/Famille/Education/
Scolarite/Articles-et-Dossiers/Ecole-arretons-de-leur-mettre-la-pression/Pourquoi-tant-de-pression)

Monologue

Présentez la caricature.
De nos jours, on discute beaucoup des conditions d'apprentissage à l'école.
Relevez d'abord les différentes causes de stress mentionnées dans l'extrait donné.
Donnez ensuite votre avis personnel sur ce phénomène.

Dialogue

Imaginez l'école idéale. Décrivez les matières qui vous paraissent utiles, l'emploi du temps optimal,
les professeurs et élèves modèles, l'architecture parfaite etc.
Discutez avec votre partenaire en justifiant vos idées.

Éduquer et être éduqué(e) – Éducation

Einzel-/Tandemprüfung

Partenaire B

Harcèlement à l'école : qui sont les victimes ?

Moqueries, mises à l'écart, insultes dans la cour de l'école et sur les réseaux sociaux, vidéos et photos humiliantes diffusées au plus grand nombre… la vie du souffre-douleur peut rapidement devenir un cauchemar. Comment mettre fin à cette spirale infernale ?

http://www.letudiant.fr/

Monologue

Présentez la photo.
De nos jours, on discute beaucoup des difficultés à l'école.
Relevez d'abord les différents problèmes des jeunes exposés dans l'extrait donné.
Donnez ensuite votre avis personnel sur l'ampleur du harcèlement à l'école.

Dialogue

Imaginez l'école idéale. Décrivez les matières qui vous paraissent utiles, l'emploi du temps optimal,
les professeurs et élèves modèles, l'architecture parfaite etc.
Discutez avec votre partenaire en justifiant vos idées.

Vers l'âge adulte – Rêve et réalité

Einzel-/Tandemprüfung

Partenaire A

Les jeunes et les Smartphones

Presque tous les jeunes ont un Smartphone ou une tablette, c'est devenu un outil
5   indispensable pour « paraître ». Un élève sur quatre possède un iPad, et 90% un smartphone. Jouer, prendre des notes pour les cours ou faire des recherches,
10 communiquer, faire du sport, prendre des photos, lire, écouter de la musique, regarder des films… Les jeunes utilisent maintenant leurs appareils
15 mobiles pour chaque geste du quotidien et garde à tout instant un œil rivé à leurs écrans. Souvent, ils ne s'imaginent même pas que tout cela était
20 et reste possible sans ! On comprend mieux pourquoi ne pas en posséder est devenu un facteur d'exclusion important chez les jeunes.

Monologue

Présentez la photo.
Dans la vie quotidienne, beaucoup de jeunes se servent des nouvelles technologies. Résumez les utilisations mentionnées dans l'extrait ci-dessus et donnez votre avis personnel sur le sujet abordé.

Dialogue

Comment voyez-vous le rôle de la politique, de la société, des professeurs et des parents quant à une éducation critique vis-à-vis des médias ?
Sous quelle forme des mesures vous paraissent-elles efficaces ?
Prenez position et donnez votre opinion en la justifiant.

Vers l'âge adulte – Rêve et réalité

Einzel-/Tandemprüfung

Partenaire B

Happy Slapping

Le Happy Slapping, c'est ce jeu d'adolescents qui consiste à filmer une agression pour ensuite la diffuser sur le net. (…) Des ados un peu paumés, passent leur temps à filmer des défis plus fous et idiots les uns que les autres et à les poster sur leur blog. Avec l'arrivée d'Iris, leurs jeux deviennent de moins en moins anodins et leur révolte de plus en plus palpable.
Perdus dans le chaos d'une société en crise, sans repère ni limite, ces (…) jeunes se voient comme la génération dont personne n'a voulu.

http://www.cryotopsie.be/?p=655

Monologue

Présentez la photo.
De plus en plus, le phénomène « happy slapping » est répandu parmi les jeunes.
Résumez l'extrait ci-dessus et donnez votre avis personnel sur le sujet abordé.

Dialogue

Comment voyez-vous le rôle de la politique, de la société, des professeurs et des parents quant à une éducation critique vis-à-vis des médias ?
Sous quelle forme des mesures vous paraissent-elles efficaces ?
Prenez position et donnez votre opinion en la justifiant.

Une certaine idée de la France

Einzel-/Tandemprüfung

Partenaire A

Ce que les jeunes attendent de François Hollande

Abrogation de la « circulaire Guéant », créations de postes dans l'Éducation nationale, mariage homosexuel. Une semaine après l'élection de François Hollande qui s'est dit vouloir être « le Président de la jeunesse », des étudiants confient leurs espoirs et leurs craintes.

la circulaire Guéant le fait de limiter la possibilité pour les étudiants étrangers diplômés de travailler en France

© NORD ECLAIR. 14/05/2012. HEDWIGE HORNOY

Monologue

Présentez la photo.
Parlez des espoirs des jeunes face à leur Président mentionnés dans le texte ci-dessus.
Est-ce qu'il y des attentes similaires en Allemagne envers le gouvernement actuel parmi les jeunes ?
Pourquoi (pas) ? Justifiez votre réponse.

Dialogue

En dehors du vote à 16 ans, comment pourrait-on mobiliser les jeunes pour la politique et éveiller leur engagement pour des organisations et projets politiques ? Pensez aux mesures qui pourraient vous motiver personnellement. Discutez avec votre partenaire.

Une certaine idée de la France

Einzel-/Tandemprüfung

Partenaire B

À quel âge le droit de vote ?

La ministre de la Famille, Dominique Bertinotti, a annoncé cette semaine réfléchir à un statut de pré-majorité.
5 Ce statut concernerait les 16-18 ans et leur offrirait la possibilité de voter dès 16 ans. Accorder le droit de vote aux moins de 18 ans ? 82% des Français sont catégoriquement
10 contre.
Mais la ministre va encore plus loin et propose une réflexion bien plus générale. « C'est beaucoup plus le constat qu'aujourd'hui nous avons
15 des jeunes et des adolescents qui peuvent commencer à travailler à 16 ans, dont la majorité sexuelle est à 15 ans, avec des droits dans certains cas, mais aussi des incapacités dans d'autres. »

Monologue

Présentez la photo.
Voter à l'âge de 16 ans ? Pesez le pour et le contre de cette question en tenant compte des arguments avancés dans le texte ci dessus.

Dialogue

Discutez avec votre partenaire.
En dehors du vote à 16 ans, comment pourrait-on mobiliser les jeunes pour la politique et éveiller leur engagement pour des organisations et projets politiques ? Pensez aux mesures qui pourraient vous motiver personnellement.

Relations franco-allemandes

Einzel-/Tandemprüfung

Partenaire A

La chance d'être unis

« Notre chance, c'est d'être unis », a souligné la chancelière, tandis que François Hollande proposait, comme Charles de Gaulle à l'époque, de « franchir ensemble une nouvelle porte sur des années qui rendront encore plus étroite l'amitié entre deux nations ». « Nous n'héritons pas d'une amitié, nous la renouvelons à chaque generation », a-t-il ajouté devant des centaines de Rémois réunis sur le parvis
5 de la cathédrale gothique très ouvragée, gravement endommagée durant la Première Guerre mondiale. Le Président, comme la chancelière, ont dit vouloir bâtir un pont entre la réconciliation d'hier et la construction européenne. « Nous devons aujourd'hui parachever au niveau politique l'union économique et monétaire. C'est un travail digne d'Hercule mais l'Europe en est capable », a assuré Angela Merkel.

© www.20minutes.fr

1 **les Rémois** les habitants de Reims

Monologue

Comparez les deux photos.
Expliquez les idées centrales du texte ci-dessus.
Ensuite, parlez de l'état actuel des relations franco-allemandes.
À la fin, donnez votre opinion personnelle concernant l'avenir de l'amitié entre les deux pays.

Dialogue

Dans quel sens pourriez-vous profiter personnellement de l'amitié franco-allemande dans l'avenir ?
Pensez à vos études, votre vie professionnelle et privée. Présentez vos idées à votre partenaire et discutez des avantages et des impondérabilités possibles.

Relations franco-allemandes

Einzel-/Tandemprüfung

Partenaire B

Les Allemands vus par les Français
« Les Allemands sont plus écolos que les Français. »
« Les Allemands ne roulent qu'en Mercedes ou en BMW. »
« Les Allemands ne boivent que de la bière. »

5

Les Français vus par les Allemands
« Les Français sont toujours en grève ou en vacances. »
« Le fromage est l'aliment de base des Français. »
« Les Français sont nuls en langues étrangères. »

http://www.elysee50.de/Idees-recues-sur-la-France-et-l,6764.html

Monologue

Présentez la photo.
À partir du texte ci-dessus, exposez les idées reçues sur la France et l'Allemagne.
Comment peut-on éviter les préjugés ? Donnez des exemples concrets.

Dialogue

Dans quel sens pourriez-vous profiter personnellement de l'amitié franco-allemande dans l'avenir ?
Pensez à vos études, votre vie professionnelle et privée. Présentez vos idées à votre partenaire et discutez des avantages et des impondérabilités possibles.

Relations franco-allemandes

Einzel-/Tandemprüfung

Partenaire A

L'appel du 18 juin 1940

L'enseignement de l'histoire

Aujourd'hui comme hier, l'enseignement de l'histoire garde toute son importance. En France, cette matière est en effet une discipline indispensable car l'école forme ainsi des citoyens. C'est pourquoi l'histoire et la géographie restent toujours une seule matière. Garder mémoire des évènements, des
5 lieux, des personnages qui ont fondé le système dans lequel nous vivons, c'est être capable de voir à temps les dérives qui risqueraient de répéter des erreurs du passé. L'enseignement de l'histoire nous montre d'ailleurs que le présent n'existe que par un passé qui l'a construit en apprenant de ses erreurs.

Monologue

Présentez la photo.
Pourquoi l'histoire est-elle considérée comme une matière scolaire importante ?
Exposez les idées centrales du texte et donnez votre opinion en justifiant votre position.

Dialogue

Quels événements historiques en France ou en Allemagne vous paraissent spécialement importants à garder en mémoire ? Donnez un ou deux exemples et expliquez votre choix.
Après, réfléchissez ensemble sur des mesures politiques et individuelles qui vous paraissent adaptées pour ne pas oublier le passé.

Relations franco-allemandes

Einzel-/Tandemprüfung

Partenaire B

L'importance de la Cour de **Louis XIV** prenait valeur en l'art, la littérature, la musique, le théâtre et les sports. Par conséquent dans le palais de Louis XIV vivaient un grand nombre des meilleurs artistes et hommes de littérature de cette époque.

http://prezi.com/wtqvdw6vojse/limportance-de-la-cour-de-louis-xiv/

Pour la plupart des Français, **Napoléon Bonaparte** (…) est le symbole de la grandeur de la France (…), le grand homme qui a laissé sa marque dans l'Histoire, (…) charismatique et ambitieux, (…) l'Empereur des Français. (…)
Il a laissé son empreinte sur la France grâce à ses nombreuses réformes, notamment institutionnelles.

L'internaute www.linternaute.com

Monologue

Présentez les photos.
Certains personnages historiques ont influencé profondément la vie moderne.
Exposez les exemples donnés dans les extraits ci-dessus.
Ensuite donnez votre propre opinion à l'égard de cette thèse et illustrez-la à l'aide d'exemples.

Dialogue

Quels événements historiques en France ou en Allemagne vous paraissent spécialement importants à garder en mémoire ? Donnez un ou deux exemples et expliquez votre choix.
Après, réfléchissez ensemble sur des mesures politiques et individuelles qui vous paraissent adaptées pour ne pas oublier le passé.

La francophonie

Einzel-/Tandemprüfung

Partenaire A

Pourquoi le Maroc ?

Traverser le détroit de Gibraltar par la voie des airs ou celle de la mer pour entrer au royaume des
5 milles et une nuit, bien des raisons peuvent nous y pousser. Ce pays multiculturel regorge d'influences diverses, arabes, françaises, africaines. Elles s'unissent pour
10 donner naissance à cette culture unique, la culture marocaine.

Le Maroc se distingue par ses contrastes de couleurs, d'odeurs, de lieux, mais aussi de saveurs par
15 sa cuisine surprenante que vous ne manquerez pas d'apprécier si vous vous y rendez.

Monologue

Présentez la photo.
La francophonie est un espace très riche et donc très intéressant à découvrir. Exposez les aspects attrayants nommés par l'auteur et comparez-les à vos idées personnelles sur le Maghreb.

Dialogue

Après le bac, vous avez l'intention de partir ensemble dans un pays francophone pour participer à un projet social ou écologique.
Quel pays francophone vous attirerait le plus ?
Mettez-vous d'accord avec votre partenaire sur un pays et un projet qui pourraient vous intéresser tous les deux.

La francophonie

Einzel-/Tandemprüfung

Partenaire B

Les vacances au Canada, un dépaysement assuré

Avec un territoire de plus de 9 millions de km² de montagnes, de canyons, de lacs et de torrents mais aussi de forêts et de vastes prairies, le Canada offre une variété de paysages exceptionnelle
5 pour des vacances au Canada réussies.

Il n'est pas surprenant que plus de 20 millions de touristes viennent chaque année passer leurs vacances au Canada. Qu'ils soient passionnés de nature et d'espaces vierges à perte de vue, ou plutôt tentés de connaître le pays à travers ses grandes villes (…).
Passer des vacances au Canada, c'est aller à la rencontre de ses villes, de sa nature, et surtout des Canadiens si accueillants et attachants.

www.grand-elan.com

Monologue

Présentez la photo.
La francophonie est un espace très riche et donc très intéressant à découvrir. Exposez les aspects nommés dans le texte ci-dessus et comparez-les à vos idées personnelles sur le Canada francophone.

Dialogue

Après le bac, vous avez l'intention de partir ensemble dans un pays francophone pour participer à un projet social ou écologique.
Quel pays francophone vous attirerait le plus ?
Mettez-vous d'accord avec votre partenaire sur un pays et un projet qui pourraient vous intéresser tous les deux.

La condition humaine – Existence / Identité

Einzel-/Tandemprüfung

Partenaire A

Mariage de Vincent et Bruno : Un « oui » pour l'Histoire

SOCIÉTÉ – Vincent et Bruno Boileau-Autin sont les premiers hommes à s'être mariés en France…

5 « Vincent, consentez-vous à prendre comme époux Bruno ? » Les Montpelliérains Vincent Autin et Bruno Boileau ont immortalisé leur histoire d'amour devant les caméras du monde
10 entier, ce mercredi, à l'hôtel de ville. Près de deux-cents journalistes, dont certains venus de Chine ou d'Allemagne, étaient accrédités pour assister à la première cérémonie de mariage d'un
15 couple homosexuel en France. Une union retardée d'une demi-heure : un coup de téléphone anonyme, depuis Béziers, évoquait la présence d'une « bombe à la mairie ». Cinq personnes ont également été interpellées en marge de l'évènement.

Un hommage aux militants […]
Les « oui » des Montpelliérains ont ému jusqu'à l'officier d'Etat civil, qui n'a pas pu retenir ses larmes,
20 penchée sur les registres. Vincent Autin, également président de la Lesbian and Gay Pride, a adressé un hommage ému aux « militants, qui se sont battus pendant toutes ces années et qui ont fait que [notre] mariage soit possible ». « On espère à présent être de l'autre côté, être les invités d'autres unions homosexuelles », confie Bruno. « On aimerait descendre pour faire un bisou à chacun de vous », s'est exclamé Vincent, sur le balcon de la mairie.
25 Vers 20 heures, le couple s'est éclipsé, dans un lieu secret, pour poursuivre la fête. Ce mercredi, Vincent et Bruno Boileau-Autin sont entrés dans l'Histoire.

© Nicolas Bonzom, 20minutes.fr, 30.05.2013

Monologue

Présentez la photo.
Parlez des inconvénients qu'un couple homosexuel peut rencontrer dans notre société en incluant des problèmes existentiels rencontrés dans le texte donné et des textes lus en classe.

Dialogue

*Entre amis, vous discutez sur les nouvelles tendances dans la société française de nos jours concernant par exemple le mariage pour tous et le développement du sida. Tu as **une position plutôt ouverte**.*

La condition humaine – Existence / Identité

Einzel-/Tandemprüfung

Partenaire B

L'épidémie cachée du SIDA en France, 30 000 personnes sont contaminées sans le savoir

En France, ce sont environ 150 000 personnes qui sont porteuses du virus du SIDA dont 30 000 qui ne le savent pas. Cela pose un véritable problème. Pour elles d'abord, car plus les malades sont pris en charge tôt, mieux ils sont soignés. Pour les autres aussi, car ces malades cachés risquent de propager le virus sans le savoir. L'enjeu est donc de dépister ces malades. […]
À la veille de la journée mondiale de lutte contre le Sida – samedi 1er décembre – les professionnels de santé s'inquiètent. Ces personnes atteintes sans le savoir risquent en effet d'infecter d'autres personnes. […]
Ainsi, détaille Jean-François Delfraissy, « *parmi les nouvelles contaminations, la population homosexuelles est plus touchée que d'autres. La population des migrants et des femmes migrantes est aussi plus touchée* ».

« *Une vraie demande de dépistage* » […]
« *On a 30 % de personnes jamais dépistées, explique Bruno Spire, le président d'Aides, et on a un taux de séropositivité jusqu'à 3,5 % parmi ceux qui cumulent plusieurs vulnérabilités, comme la migration et l'homosexualité* »
[…]

 Autor: Bruno Rougier

Monologue

Présentez la photo.
Parlez des inconvénients qu'un couple homosexuel peut rencontrer dans notre société en incluant des problèmes existentiels rencontrés dans le texte donné et des textes lus en classe.

Dialogue

*Entre amis, vous discutez sur les nouvelles tendances dans la société française de nos jours concernant par exemple le mariage pour tous et le développement du sida. Tu as **une position plutôt ouverte**.*

Engagement humain et social : Acceptation / Contestation

Einzel-/Tandemprüfung

Partenaire A

« Révolution espagnole » : et demain la France ?

Influencés par les révoltes arabes, inspirés par les sit-in espagnols, certains jeunes Français se rassemblent ici et là pour protester contre la précarité. Y-a-t-il des points communs entre la jeunesse espagnole et la jeunesse française ?
5 – Il y a des arguments qui pourraient effectivement plaider pour une convergence des situations. La France, comme l'Espagne, la Grèce ou l'Italie se ressemblent car il existe dans chacun de ces pays un fort déclassement de la jeunesse par rapport à la génération adulte. […]

© Sarah Diffalah, Le Nouvel Observateur, 24.05.2011

Monologue

Présentez la photo.
Quels sont les problèmes indiqués ici ? Pourquoi les jeunes se révoltent-ils ?
Vous pouvez vous appuyer sur des textes lus en classe.

Dialogue

Actuellement, il y a des crises graves dans les pays européens comme l'Espagne, la Grèce et la France.
Vous êtes élu à assister à une discussion de l'OFAJ (Office franco-allemand pour la jeunesse) avec des jeunes Allemands et des jeunes Français à Berlin.
*Vous prenez position **contre** une participation aux manifestations des jeunes Français.*

Engagement humain et social : Acceptation / Contestation

Einzel-/Tandemprüfung

Partenaire B

Indignés, prenez la rue !!!

Pourquoi s'indigner ? Au temps du nazisme, les raisons de s'indigner étaient claires. Mais dans le monde complexe d'aujourd'hui ? L'indignation est toujours la base de toute résistance. Les raisons en sont certes moins nettes mais n'en restent pas moins multiples : l'écart entre riches et pauvres,
5 la planète, comment l'État ou la majorité traitent les sans-papiers, le féminisme, les immigrés ou les Roms. Tout cela doit trouver sa place dans l'espace public et créer un réseau qui aujourd'hui comme hier est le moyen le plus efficace de faire de la Résistance avec un grand « R ».

Monologue

Présentez la photo.
Expliquez ce que l'auteur comprend par « créer un réseau qui aujourd'hui comme hier est le moyen le plus efficace de faire de la Résistance » en donnant des exemples.

Dialogue

Actuellement, il y a des crises graves dans des pays européens comme l'Espagne, la Grèce et la France.
*Vous êtes élu(e) à assister à une discussion de l'OFAJ (Office franco-allemand pour la jeunesse) avec des jeunes Allemands et des jeunes Français à Berlin. Vous prenez position **pour** une participation des jeunes Français aux manifestations.*

La société

Einzel-/Tandemprüfung

Partenaire A

Tweets2rue : cinq SDF français vont tweeter leur vie dans la rue

Ce jeudi 17 est la Journée mondiale de lutte contre la pauvreté. Et c'est dans
5 ce cadre que plusieurs associations en France lancent l'opération « Tweets 2 Rue ». Cinq SDF se sont vus remettre un portable
10 connecté à Internet, pour raconter leur quotidien dans la rue…
Pour les associations qui ont lancé l'opération,
15 sponsorisée par France Inter et inspirée d'un concept américain nommé « Underhead in New York », le but est de recréer du lien
20 social chez ces personnes souvent marginalisées, sensibiliser l'opinion publique à la détresse des SDF et chasser les idées reçues sur ceux-ci…
L'initiative est soutenue et saluée par certains sur Twitter.

© RTBF 2014

Monologue

Présentez la photo.
Dans la société actuelle, les problèmes sociaux sont omniprésents.
Résumez l'initiative exposée dans le texte ci-dessus.
Donnez votre avis personnel par rapport à cette approche.

Dialogue

En France, l'égalité, la fraternité et la liberté constituent la base de la démocratie.
Étudiez de façon détaillée l'application de ces principes dans la société actuelle française ou même européenne.
Référez-vous au domaine politique, économique, social, culturel ou écologique (au choix).

La société

Einzel-/Tandemprüfung

Partenaire B

Monologue

Présentez les photos.
La situation sociale en France et dans d'autres pays : Choisissez quelques manchettes de quotidiens présentées ci-dessus qui vous paraissent spécialement intéressantes et commentez-les.

Dialogue

En France, l'égalité, la fraternité et la liberté constituent la base de la démocratie.
Étudiez de façon détaillée l'application de ces principes dans la société actuelle française ou même européenne.
Référez-vous au domaine politique, économique, social, culturel ou écologique (au choix).

Le monde du travail

Einzel-/Tandemprüfung

Partenaire A

La recherche d'un emploi est un véritable travail en soi. C'est une tâche parfois de longue haleine.

http://voyagesenfrancais.fr/spip.php?article97&lang=fr#.Uqc10Se8CSo

Monologue

Présentez la caricature.
Pour les jeunes d'aujourd'hui, l'orientation professionnelle est complexe.
Expliquez d'abord en détail la citation ci-dessus.
Ensuite donnez votre avis personnel sur le sujet abordé.

Dialogue

Dans la société actuelle, beaucoup de jeunes se sentent débordés par les exigences du monde du travail dans la société moderne. Comment les aider ?
Présentez des mesures qui vous paraissent adaptées pour faciliter la réussite professionnelle de la jeune génération.
Ensuite, mettez-vous d'accord sur celle qui vous semble la plus efficace.

Le monde du travail

Einzel-/Tandemprüfung

Partenaire B

Étudier à l'étranger avec ERASMUS : l'expérience d'une vie !

Outre les bénéfices que tu en retireras sur le plan pédagogique, culturel et personnel, une année ERASMUS peut donner un véritable coup de fouet à ta future carrière.

http://europa.eu/youth/article/%C3%A9tudier-%C3%A0-l%C3%A9tranger-avec-erasmus-lexp%C3%A9rience-dune-vie_fr

Monologue

Présentez la photo.
Beaucoup de jeunes veulent faire leurs études à l'étranger.
Expliquez d'abord les arguments présentés dans l'extrait ci-dessus en donnant des exemples illustratifs.
Ensuite donnez votre avis personnel sur le sujet abordé.

Dialogue

Dans la société actuelle, beaucoup de jeunes se sentent débordés par les exigences du monde du travail dans la société moderne. Comment les aider ?
Présentez des mesures qui vous paraissent adaptées pour faciliter la réussite professionnelle de la jeune génération.
Ensuite, mettez-vous d'accord sur celle qui vous semble la plus efficace.

L'engagement politique – La mondialisation

Einzel-/Tandemprüfung

Partenaire A

La mondialisation

Ce processus de globalisation, entendu notamment comme une transformation profonde des modes de production, d'échange et de communication dans le capitalisme, n'est pas un simple décor (…). Il faut ici distinguer un processus de globalisation qui traverse, (…) les activités économiques, d'une
5 mondialisation envisagée comme l'homogénéisation sociale, culturelle et politique censée résulter d'une circulation croissante des marchandises.

„La mondialisation n'existe pas : Regards sur les expériences singulières du travail globalisé", Didry Claude et al., in *Travail globalisé, travail singulier, L'Homme et la société* n° 152–153, 2004/2, © Editions l'Harmattan

Monologue

Présentez la caricature et expliquez quels aspects de la mondialisation sont illustrés.
Expliquez les effets de la mondialisation mentionnés dans l'extrait ci-dessus et des textes lus en classe.
Puis décrivez dans quels domaines de votre vie quotidienne la mondialisation joue un rôle important.

Dialogue

De nos jours, le développement durable nous paraît une piste de solution prometteuse pour sauvegarder notre planète et proposer un avenir positif aux futures générations.
Discutez des mesures possibles au niveau politique, social, éthique, économique ou écologique.
À la fin, mettez-vous d'accord sur un moyen qui vous paraît spécialement facile à réaliser pour vous-mêmes.

L'engagement politique – La mondialisation

Einzel-/Tandemprüfung

Partenaire B

La mondialisation

Au sujet de la nourriture, il est important de savoir pourquoi on a aujourd'hui accès à une telle diversité d'aliments. C'est
5 essentiellement pour quatre raisons :
Les mécanismes de pourrissement des fruits et légumes sont mieux connus et les techniques pour le contrôler et l'éviter sont en amélioration permanente. La possibilité
10 de conserver longtemps des aliments est un élément crucial dans la mondialisation de ceux-ci. Les aliments voyagent beaucoup plus vite. Ils ont donc peu de temps pour se dégrader. Le prix du transport a par ailleurs
15 connu une diminution énorme depuis 1900. Les aliments sont produits et transportés en masse, ce qui permet également de diminuer leur coût unitaire de production et de transport.
20 Quand c'est l'hiver ici, c'est l'été ailleurs et vice versa. Cette situation naturelle, combinée aux facilités de transport d'aujourd'hui, permet d'avoir accès, en permanence ou presque, à tous les fruits et les légumes.

© Iles de Paix, ONG belge de développement fondée par Dominique Pire, prix Nobel de la Paix 1958 – www.ilesdepaix.org

Monologue

Présentez la photo.
Expliquez les facteurs qui favorisent la mondialisation selon le texte ci-dessus et d'autres lus en classe.
Vous-mêmes, êtes-vous favorable à un tel développement ? Présentez votre opinion face à ce phénomène.

Dialogue

De nos jours, le développement durable nous paraît une piste de solution prometteuse pour sauvegarder notre planète et proposer un avenir positif aux futures générations.
Discutez des mesures possibles au niveau politique, social, éthique, économique ou écologique.
À la fin, mettez-vous d'accord sur un moyen qui vous paraît spécialement facile à réaliser pour vous-mêmes.

Engagement humain et social : Réalité(s) et responsabilité / La mondialisation

Einzel-/Tandemprüfung

Partenaire A

Notre vie privée est-elle en vente sur internet ?

« Google, Facebook et les autres vendent nos informations personnelles, notre vie privée. » […] Du moteur de recherche au réseau social en passant par le commerce en ligne, notre vie privée s'étale sur des dizaines de bases de données. Nombre d'informations sont délivrées délibérément par l'internaute, notamment lors d'une inscription, avec au minimum le nom, l'adresse e-mail et un mot de passe, mais aussi souvent l'âge et le sexe. Les sites aiment également recueillir automatiquement l'adresse IP qui identifie l'internaute, son type d'ordinateur et la version du navigateur web.

© Boris Manenti, Le Nouvel Observateur, 30.08.2013

Monologue

Présentez la photo.
Le monde actuel nous donne pleins de possibilités, mais il y a aussi des dangers.
Résumez l'article et donnez votre avis personnel sur ce phénomène.
Vous pouvez vous appuyer sur des textes lus en classe.

Dialogue

Internet, Facebook, Twitter, les Smartphones, les iPhones et le NSA.
Discutez sur les avantages et les dangers de « l'homo numericus ».
*Vous cherchez plutôt des arguments **pour** ces nouvelles possibilités.*

Engagement humain et social : Réalité(s) et responsabilité / La mondialisation

Einzel-/Tandemprüfung

Partenaire B

Les nouvelles vies d'Homo numericus

Émilie a une manie. Smartphone en main, elle ne peut s'empêcher de photographier le plat qu'elle mange,
5 le coucher de soleil vu de sa terrasse… puis d'envoyer ses clichés dans le « nuage informatique », autrement dit potentiellement à la terre entière. « J'ai un iPhone depuis trois ans, et c'est venu petit
10 petit, avec mes copines », affirme cette lycéenne parisienne de 15 ans.
[…]
Le phénomène est mondial. La Toile est devenue le repaire de l'« extimité », cette
15 intimité partagée avec tous. Chaque jour, 550 millions de photos sont téléchargées sur Internet, dont 350 millions sur le seul réseau Facebook […]

© Laure Belot, *Le Monde*, 21 août 2013

Monologue

Présentez la photo.
Le monde du Smartphone et d'Internet est plein de possibilités.
Résumez l'article et donnez votre avis personnel sur ce phénomène.
Vous pouvez vous appuyer sur des textes lus en classe.

Dialogue

Internet, Facebook, Twitter, les Smartphones, les iPhones et le NSA.
Discutez sur les avantages et les dangers de « l'homo numericus ».
*Vous cherchez plutôt des arguments **contre** ces nouvelles possibilités.*

Engagement politique

Einzel-/Tandemprüfung

Partenaire A

Marseille, capitale européenne de la culture… ou de la spéculation ?

Profitant du label de capitale européenne de la culture, accordé en 2013, la cité phocéenne
5 réhabilite à tout va. Si les vastes projets de rénovation urbaine font le bonheur de la spéculation immobilière, il n'en est pas de même pour les habitants des
10 quartiers populaires historiques du centre-ville. Absence de concertation et exclusions accompagnent les réhabilitations. Quant aux projets culturels, ils
15 servent davantage l'attractivité touristique que le bien-être des habitants.

Basta! www.bastamag.net

Monologue

Présentez la photo.
À l'aide du texte ci-dessus, parlez des avantages et des inconvénients de la nomination de Marseille comme capitale européenne de la culture 2013.
Marseille est aussi une ville connue pour sa criminalité et ses problèmes de banlieues.
Est-ce juste d'investir dans une telle ville pour un projet ambitieux comme décrit ?

Dialogue

Après le bac vous voulez passer une année en France en travaillant dans un projet social à Marseille.
Mettez-vous d'accord sur le projet concret.

Engagement politique

Einzel-/Tandemprüfung

Partenaire B

Marseille Provence 2013, et après ?

La période qui vient « après l'investissement » d'une capitale culturelle de la Culture
5 est généralement observée de très près. Ce qui ressort des bilans des 45 capitales précédentes c'est surtout qu'investir est relativement
10 plus facile que d'assurer, par la suite, le fonctionnement des nouveaux équipements et tout simplement la vie culturelle et touristique d'une région. L'effet
15 « Capitale européenne «, qui amène une forte notoriété, peut aussi se transformer en « effet gueule de bois », dirons-nous, car la dynamique qui avait
20 porté l'événement disparaît (Par exemple le désir de « bien faire », avant et pendant l'événement, ou encore la communication vers l'étranger, qui diminuent fortement).

Source: Blog Nouveau Tourisme Culturel

la notoriété le fait d'être connu – **une gueule de bois** Katerstimmung

Monologue

Présentez la photo.
Sur la base du texte donné, parlez des problèmes qu'un projet comme « capitale culturelle » peut avoir pour effet en le comparant à d'autres projets comme les jeux olympiques ou aux projets gigantesques comme le nouvel aéroport de Berlin, la gare de Stuttgart ou d'autres.

Dialogue

Après le bac vous voulez passer une année en France en travaillant dans un projet social à Marseille.
Mettez-vous d'accord sur le projet concret.

Engagement politique – Pour un monde plus écologique

Einzel-/Tandemprüfung

Partenaire A

AVEC LES OGM, PRÉPARONS L'ALIMENTATION DE DEMAIN

Alimentation : quels risques présentent les OGM pour notre santé ?

Après 20 ans de commercialisation, les organismes génétiquement modifiés (OGM) représentent déjà 175 millions d'hectares (soja, maïs, coton) répartis sur toute la planète. Des dangers ?
C'est évident qu'il y en a pour l'environnement, la contamination des espèces non transgéniques ou la
5 standardisation de l'agriculture.
Mais quels sont les dangers pour la santé humaine ?
Après 20 ans, aucun organisme n'a pu établir une étude à long terme sur le sujet. On n'a pas pu prouver si les OGM sont dangereux pour l'homme ou pour les animaux. Toutefois, beaucoup de spécialistes s'accordent à dire que les risques potentiels sont réels.

Monologue

Présentez la caricature.
Se nourrir de façon équilibrée devient de plus en plus important dans la société.
D'après vous, quels sont les facteurs qui caractérisent les risques des OGM ?
Présentez-les en tenant compte des informations du texte ci-dessus et donnez aussi d'autres exemples.

Dialogue

Nous prenons de plus en plus conscience du fait que notre planète est menacée.
Comment peut-on lutter pour un meilleur avenir de la planète ?
Discutez des mesures possibles à un niveau personnel et politique.
À la fin, mettez-vous d'accord sur celle qui vous paraît la plus urgente et parlez-en en détail.

Engagement politique – Pour un monde plus écologique

Einzel-/Tandemprüfung

Partenaire B

Le taux de recyclage des plastiques

On recycle moins de 20 % du plastique en France en 2012 : le reste, soit 3,3 millions de tonnes, finit en décharge ! La France est classée à une médiocre 21ème place européenne malgré quelques progrès (le taux de recyclage était de 17,5 % en 2000).
5 Mais au rythme actuel, il faudrait entre 20 et 40 ans pour parvenir à 100 % de recyclage du plastique en France.

www.consoglobe.com

Monologue

Présentez la photo.
Le recyclage est un enjeu important pour protéger l'environnement.
Parlez des faits exposés dans l'extrait donné et comparez la situation en France à celle en Allemagne.

Dialogue

Nous prenons de plus en plus conscience du fait que notre planète est menacée.
Comment peut-on lutter pour un meilleur avenir de la terre ?
Discutez des mesures possibles à un niveau national et international.
À la fin, mettez-vous d'accord sur celle qui vous paraît la plus urgente et parlez-en en détail.

Engagement politique – Pour un monde plus écologique

Einzel-/Tandemprüfung

Partenaire A

Les OGM : Solution pour demain ou catastrophe annoncée ?
À l'origine, les organismes génétiquement modifiés (OGM) ont été créés pour augmenter la production agricole et simplifier le travail au champ. Mais aujourd'hui, on ne parle plus d'OGM sans lancer un débat passionné entre les défenseurs des OGM et leurs opposants. La raison ? Les risques potentiels pour la santé et l'environnement, mais aussi, les questions liées à la marchandisation du
5 vivant…. Les OGM représentent-ils vraiment des risques pour la santé et l'environnement ? Peut-on s'en préserver ? …

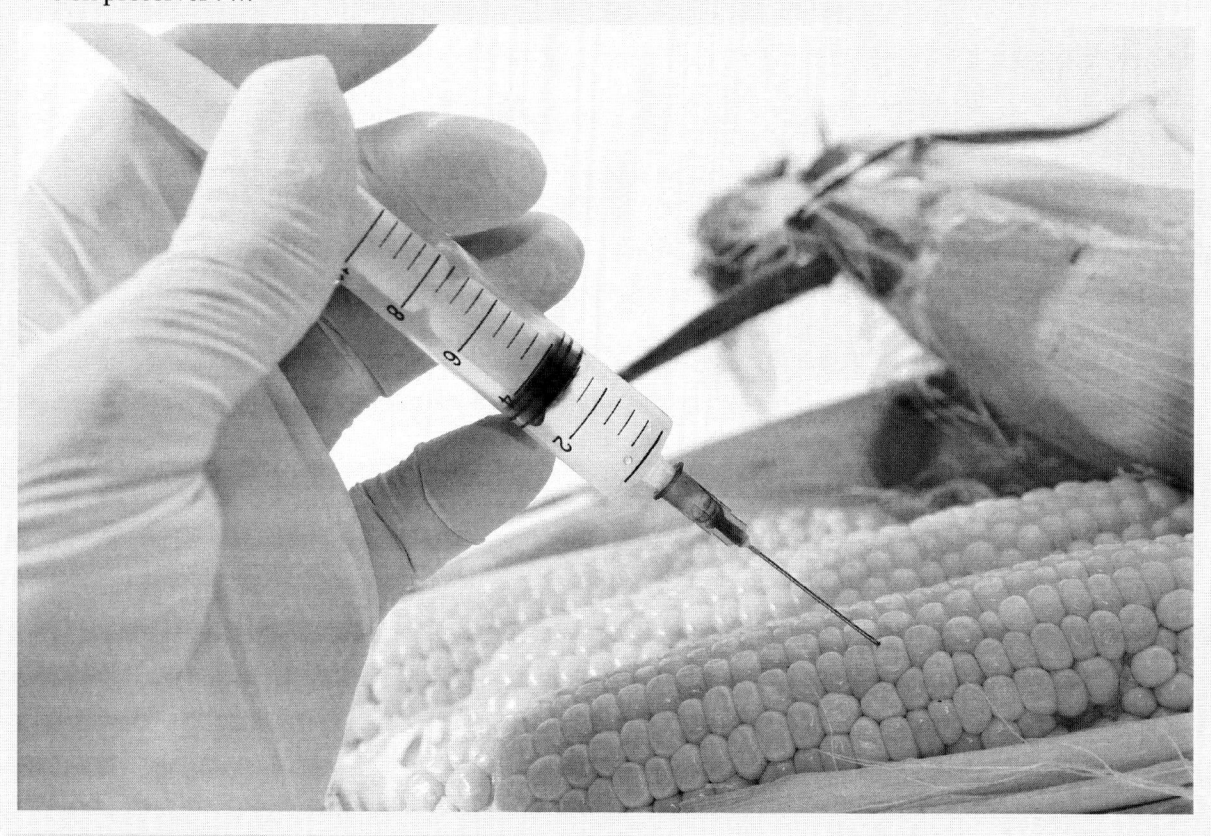

© 2014 Asef - Tous droits réservés. L'ASEF est une association loi de 1901 qui réunit 2 500 médecins en France.

la marchandisation la commercialisation – **s'en préserver** s'en protéger

Monologue

Présentez la photo.
Evaluez les deux côtés de la nourriture OGM. Est-ce que ces aliments modifiés signifient un progrès pour vous ?

Dialogue

Entre amis vous discutez sur la nourriture dans le monde moderne et sur les aliments influencés par l'homme.
*Tu es **pour** ces produits et décris les avantages.*

Engagement politique – Pour un monde plus écologique

Einzel-/Tandemprüfung

Partenaire B

Que sont les OGM animaux ?

On parle beaucoup des OGM qui sont, pour le commun des mortels, des plantes génétiquement modifiées [...]. Ces OGM ne sont que la partie émergée de l'iceberg. Il existe en effet au moins
5 autant d'animaux que de plantes qui sont génétiquement modifiés comme le sont également nombre de bactéries et de levures.
[...] Ce n'est pas qu'il ne se passe rien du côté des animaux mais tout simplement qu'il ne se
10 passe pas tout à fait la même chose. Des animaux transgéniques (donc génétiquement modifiés) sont très couramment préparés et utilisés dans les laboratoires pour définir le rôle des gènes, pour étudier des maladies humaines, pour adapter des
15 organes et des cellules de porc destinés à l'homme, pour préparer des protéines médicaments dans le lait et pour améliorer les productions animales...

© Louis-Marie Houdebine, www.pseudo-sciences.org

la partie émergée la partie qui sort de... – **la levure** Hefepilze

Monologue

Présentez le dessin.
Décrivez l'influence des OGM sur les plantes et les animaux comme décrit au-dessus. Évaluez leur danger.

Dialogue

Entre amis, vous discutez sur la nourriture dans le monde moderne et sur les aliments influencés par l'homme.
*Tu es **contre** ces produits et décris les désavantages.*

Engagement politique – Pour un monde plus écologique

Einzel-/Tandemprüfung

Partenaire A

Les énergies renouvelables

Les énergies renouvelables (ER) utilisent des flux inépuisables d'énergies d'origine naturelle (soleil, vent, eau, croissance végétale...). Ces énergies de l'avenir ne couvrent pourtant que 22 % de la consommation mondiale d'électricité [...] Les principaux intérêts des énergies renouvelables sont leur non épuisement et leurs émissions très limitées [...]

Les énergies renouvelables et tout particulièrement la petite hydraulique, la biomasse et le PV solaire, fournissent de l'énergie électrique, de la chaleur, de la force motrice et un approvisionnement en eau à des dizaines de millions de personnes dans les zones rurales de pays en développement. Elles desservent ainsi l'agriculture, des petites industries, des foyers, des écoles et comblent d'autres besoins communautaires. L'utilisation de ces énergies n'est pas récente (moulins, feu de bois, thermes [...]

Source: C. Magdelaine / www.notre-planete.info, 01/2014

Monologue

Présentez la photo.
Quelles informations sont données sur les énergies renouvelables ? Donnez votre avis.

Dialogue

Avec un groupe de politiciens de votre ville, vous discutez sur les énergies renouvelables face à l'énergie nucléaire.
*Tu prends parti **pour** les nouvelles technologies.*

Engagement politique – Pour un monde plus écologique

Einzel-/Tandemprüfung

Partenaire B

Le bébé qui joue avec des allumettes *Joël le 29 avril 2011*

Avez-vous confiance dans la sécurité des centrales nucléaires françaises ? Pourquoi ?
Le risque zéro n'existe pas et ici les conséquences sont apocalyptiques. La prétention bien française d'être les meilleurs à laquelle s'ajoute une tendance à la privatisation notamment de la maintenance
5 augmentent le danger. Dans l'état actuel de ses connaissances l'homme ne maîtrise pas le nucléaire :
« ce n'est qu'un bébé qui joue avec des allumettes ».
Faut-il relancer le développement des énergies renouvelables et mettre un terme au nucléaire ?
Pourquoi ?
Il faut sortir progressivement du nucléaire et axer la recherche sur le développement d'autres
10 énergies renouvelables (pas seulement l'éolien ou le photovoltaïque). De toute façon comme le pétrole, l'uranium n'est pas inépuisable.

L'internaute www.linternaute.com

Monologue

Présentez la photo.
Quelles informations sont données sur l'énergie nucléaire et les énergies renouvelables ? Donnez votre avis.

Dialogue

Avec un groupe de politiciens de votre ville, vous discutez sur les énergies renouvelables face à l'énergie nucléaire.
*Tu prends parti **contre** les nouvelles technologies.*

Identités et questions existentielles : les relations familiales

Einzel-/Tandemprüfung

Partenaire A

Les problèmes d'une famille recomposée

Momo – garçon – 17 ans

Mes parents ont divorcé quand j'avais 10 ans.
5 Mon père est parti vivre dans la grande ville la plus proche, ma mère a acheté une maison en campagne. Mon père a
10 rapidement rencontré quelqu'un. Six mois plus tard, il nous a présenté Béatrice. Deux mois après, elle et mon père
15 ont acheté une maison ensemble. Maintenant, je vis avec mon père, Béatrice et ses deux filles. Béatrice adore le
20 vélo, elle nous oblige à partir en balade tous les week-ends. J'ai horreur de ça… En plus, sa grande fille est une vraie peste ! Alors j'en ai parlé avec mon oncle et mes grands-parents, nous sommes tous d'accord que mon père n'a plus son mot à dire à la maison, Béatrice décide de tout. Il n'aurait jamais dû se mettre avec elle, jamais !

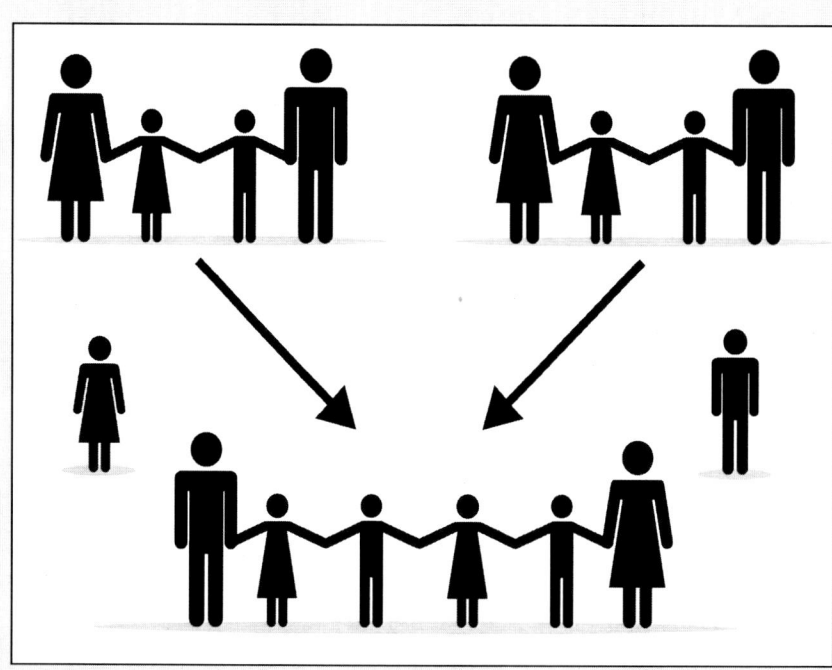

Première partie : Monologue

Dans la vie familiale, beaucoup de parents et d'enfants se sentent démunis quand ils ont des problèmes entre eux. Présentez la photo et expliquez l'opinion de Momo puis donnez votre avis personnel sur le sujet abordé.

Deuxième partie : Dialogue

Situation A:
Chez votre correspondant(e) français(e), vous regardez un documentaire au sujet de la famille moderne sur ARTE. En dehors du fait que le modèle de la famille traditionnelle est en crise, la société actuelle est confrontée à de graves problèmes politiques, sociaux, économiques, écologiques et éthiques.

Avec votre correspondant(e), vous discutez la question : « Faut-il avoir peur de l'avenir ? »
Vous avez une position plutôt positive vis-à-vis du développement de la société et des relations familiales modernes. Prenez cette position positive en tenant compte de votre rôle en tant que représentant(e) de la jeune génération.

Identités et questions existentielles : les relations familiales

Einzel-/Tandemprüfung

Partenaire B

Problème de communication avec ma mère

Vanilledu22 – fille – 16 ans

5 Hier, je me suis encore disputée avec ma mère. Elle et moi, on s'entendait bien avant, on faisait du dessin ensemble ou on allait à la plage, elle adorait ça ! Maintenant, rien que l'idée… C'est vrai que je préfère
10 passer du temps sur mon ordi ou dans ma chambre et que je ferme toujours la porte à clé. C'est juste qu'en ce moment, je ne la supporte pas ! Elle rentre dans ma chambre sans prévenir… Ses remarques me semblent
15 tellement… bêtes ! Je me demande parfois si je ne suis pas trop méchante avec elle, elle ne comprend rien à mon monde, mais ce n'est pas de sa faute si elle est vieille. Quand je suis de bonne humeur, je lui propose de
20 faire quelque chose, je sais que ça lui fait toujours très plaisir mais ça tourne toujours au désastre…

Première partie : Monologue

Dans la vie familiale, beaucoup de parents et d'enfants se sentent démunis quand ils ont des problèmes entre eux. Présentez la photo et expliquez l'opinion de Vanilledu22 puis donnez votre avis personnel sur le sujet abordé.

Deuxième partie : Dialogue

Situation B:
Chez votre correspondant(e) français(e), vous regardez un documentaire au sujet de la famille moderne sur ARTE. En dehors du fait que le modèle de la famille traditionnelle est en crise, la société actuelle est confrontée à de graves problèmes politiques, sociaux, économiques, écologiques et éthiques.

Avec votre correspondant(e), vous discutez la question : « Faut-il avoir peur de l'avenir ? »
Vous avez une position plutôt sceptique vis-à-vis du développement de la société et des relations familiales modernes. Prenez cette position plutôt négative en tenant compte des problèmes que vous voyez pour votre avenir.

Être jeune adulte / Entrer dans le monde du travail : le système éducatif

Einzel-/Tandemprüfung

Partenaire A

Pourquoi tant de pression

Avoir de bonnes notes, être le premier de sa classe, progresser sans cesse… Les professionnels de l'enfance – enseignants, psychologues scolaires, pédopsychiatres – le constatent quotidiennement : le stress lié à la réussite scolaire frappe de plus en plus tôt et de plus en plus fort. Et les parents en sont
5 conscients et inquiets. (…)

© Flavia Mazelin-Salvi pour Psychologies magazine (http://www.psychologies.com/Famille/Education/Scolarite/Articles-et-Dossiers/Ecole-arretons-de-leur-mettre-la-pression/Pourquoi-tant-de-pression)

Première partie : Monologue

Présentez la caricature.
De nos jours, on discute beaucoup des conditions d'apprentissage à l'école.
Relevez d'abord les différentes causes de stress mentionnées dans l'extrait donné.
Donnez ensuite votre avis personnel sur ce phénomène.

Deuxième partie : Dialogue

Imaginez l'école idéale. Décrivez les matières qui vous paraissent utiles, l'emploi du temps optimal,
les professeurs et élèves modèles, l'architecture parfaite etc.
Discutez avec votre partenaire en justifiant vos idées.

Être jeune adulte / Entrer dans le monde du travail : le système éducatif

Einzel-/Tandemprüfung

Partenaire B

Harcèlement à l'école : qui sont les victimes ?

Moqueries, mises à l'écart, insultes dans la cour de l'école et sur les réseaux sociaux, vidéos et photos humiliantes diffusées au plus grand nombre… la vie du souffre-douleur peut rapidement devenir un cauchemar. Comment mettre fin à cette spirale infernale ?

http://www.letudiant.fr/

Première partie : Monologue

Présentez la photo.
De nos jours, on discute beaucoup des difficultés à l'école.
Relevez d'abord les différents problèmes des jeunes exposés dans l'extrait donné.
Donnez ensuite votre avis personnel sur l'ampleur du harcèlement à l'école.

Deuxième partie : Dialogue

Imaginez l'école idéale. Décrivez les matières qui vous paraissent utiles, l'emploi du temps optimal, les professeurs et élèves modèles, l'architecture parfaite etc.
Discutez avec votre partenaire en justifiant vos idées.

Vivre dans un pays francophone : Paris et ses problèmes sociaux

Einzel-/Tandemprüfung

Partenaire A

Laurent M sur la ville de Paris

J'ai habité 12 ans à Paris… j'y ai trouvé davantage de liberté et de possibilités que je n'en aurais pu rêver en province… Paris est une ville-monde, de contrastes, absolument saisissante, riche, créative, bouleversante et mouvante, une des plus intéressantes villes qu'il soit donné de voir et d'habiter…

L'internaute www.linternaute.com

Première partie : Monologue

Paris est souvent dénommée comme « ville-lumière » pleine de diversité et richesse.
Présentez la photo puis expliquez en détail l'avis de Laurent en donnant des exemples concrets.

Deuxième partie : Dialogue

Situation A:
Comment pourrait-on améliorer la vie des gens défavorisés dans les grandes villes?

Lors d'un séjour à Paris, vous découvrez un des quartiers dits « difficiles ». Avec votre correspondant(e), vous discutez les mesures politiques et initiatives individuelles possibles pour les groupes en question (les jeunes en quête de travail, les enfants vivant dans la précarité, les personnes âgées sans couverture sociale suffisante, etc…)

Vivre dans un pays francophone : immigration et intégration

Einzel-/Tandemprüfung

Partenaire B

De plus en plus de Français pensent « qu'on en fait plus pour les immigrés que pour eux » : la réalité des faits

(…) 67 % des Français estiment que l'on en fait plus pour les immigrés que pour eux. Cette enquête correspond-elle à une réalité ?
Maxime Tandonnet[1] :
La catégorie « immigré » n'existe pas en droit ni dans les politiques publiques françaises. Il faut donc parler « d'étranger en France ». Il est absolument faux d'affirmer que les étrangers présents en France bénéficient d'un point de vue général de privilèges par rapport aux Français. Bien souvent, ils cumulent les handicaps sociaux et familiaux, occupent les emplois les plus pénibles, sont installés dans des banlieues excentrées, parfois sordides, de même que les collèges où sont scolarisés leurs enfants.

© www.atlantico.fr 2013, Fabrice Madouas

1 **Maxime Tandonnet** est un ancien conseiller de Nicolas Sarkozy au ministère de l'Intérieur et à l'Élysée.

Première partie : Monologue

Présentez d'abord la photo et après les remarques sur les immigrés en France.
Dans les cités des grandes villes comme Paris, on constate des problèmes graves et des actes violents qui tournent parfois en émeutes. En partant des « handicaps sociaux et familiaux » cités dans le texte ci-dessus, imaginez et présentez des raisons possibles de ces difficultés.

Deuxième partie : Dialogue

Discutez avec votre partenaire.
Comment pourrait-on améliorer la vie des gens défavorisés dans les grandes villes ? Pensez aux mesures politiques et initiatives individuelles possibles pour les groupes en question (les jeunes en quête de travail, les enfants vivant dans la précarité, les personnes âgées sans couverture sociale suffisante, etc…)

Entrer dans le monde du travail

Einzel-/Tandemprüfung

Partenaire A

La recherche d'un emploi est un véritable travail en soi. C'est une tâche parfois de longue haleine.

http://voyagesenfrancais.fr/spip.php?article97&lang=fr#.Uqc10Se8CSo

Première partie : Monologue

Pour les jeunes d'aujourd'hui, l'orientation professionnelle est complexe.
Présentez l'illustration puis expliquez en détail la citation ci-dessus.
Ensuite donnez votre avis personnel sur le sujet abordé.

Deuxième partie : Dialogue

Situation A:
Dans la société actuelle, beaucoup de jeunes se sentent débordés par les exigences du monde du travail dans la société moderne. Comment les aider ?
Présentez des mesures qui vous paraissent adaptées pour faciliter la réussite professionnelle de la jeune génération. Ensuite, mettez-vous d'accord sur celle qui vous semble la plus efficace.

Le monde du travail

Einzel-/Tandemprüfung

Partenaire B

Étudier à l'étranger avec ERASMUS : l'expérience d'une vie !

Outre les bénéfices que tu en retireras sur le plan pédagogique, culturel et personnel, une année ERASMUS peut donner un véritable coup de fouet à ta future carrière.

http://europa.eu/youth/article/%C3%A9tudier-%C3%A0-l%C3%A9tranger-avec-erasmus-lexp%C3%A9rience-dune-vie_fr

Première partie : Monologue

Présentez la photo.
Beaucoup de jeunes veulent faire leurs études à l'étranger.
Expliquez d'abord les arguments présentés dans l'extrait ci-dessus en donnant des exemples illustratifs.
Ensuite donnez votre avis personnel sur le sujet abordé.

Deuxième partie : Dialogue

Situation B:
Dans la société actuelle, beaucoup de jeunes se sentent débordés par les exigences du monde du travail dans la société moderne. Comment les aider ?
Présentez des mesures qui vous paraissent adaptées pour faciliter la réussite professionnelle de la jeune génération. Ensuite, mettez-vous d'accord sur celle qui vous semble la plus efficace.

Être jeune adulte : les loisirs

Einzel-/Tandemprüfung

Partenaire A

« Je l'ai tout le temps dans la main »

Sandrine, 27 ans

Mon portable, je ne peux pas m'en séparer. Je l'ai tout le temps dans la main. Évidemment, il est toujours allumé. (…), je suis addict. À tel point que la nuit, je dors quasiment avec lui. Et s'il sonne, je me jette dessus. Quand je suis sous la douche, je le pose dans la salle de bains. J'essaie de me retenir de décrocher quand je mange. En fait, je crois que j'ai toujours peur de rater quelque chose.

© Margaux Rambert pour *Psychologies magazine* (http://www.psychologies.com/Culture/Medias/Articles-et-Dossiers/Mon-portable-et-moi)

Première partie : Monologue

Presque tous les jeunes d'aujourd'hui possèdent un smartphone.
Présentez la photo puis résumez l'opinion de Sandrine et donnez votre avis personnel sur le sujet abordé.

Deuxième partie : Dialogue

Situation A:
La société actuelle se voit confrontée à des problèmes différents qui touchent surtout les jeunes :
la surconsommation d'alcool, l'addiction aux médias, le manque de perspectives professionnelles etc.

Avec votre correspondant(e), vous discutez la question : « Faut-il se faire du souci pour l'avenir des jeunes ? »
Vous êtes plutôt d'avis qu'il ne faut être trop inquiet. Défendez votre position.

Être jeune adulte : les loisirs

Einzel-/Tandemprüfung

Partenaire B

Le Service Animation Jeunesse

Il met à la disposition des jeunes âgés de 11 à 17 ans des activités de loisirs, sportives et culturelles tout au long de l'année et durant les vacances scolaires. Il a pour mission de développer des actions d'animation, d'éducation et de loisirs en faveur des enfants et des jeunes de la commune (…).
5 À travers les activités, le jeune va développer son intérêt, sa curiosité, sa créativité, son imagination, afin de tendre vers une évolution progressive et durable, à savoir son autonomie, sa sociabilité, son sens des responsabilités et du respect de soi et des autres et de son désir de citoyenneté.

© Ville de Loos – Hôtel de ville

Première partie : Monologue

Dans quelle mesure les loisirs peuvent-ils développer la personnalité d'un jeune ?
Présentez la photo puis résumez les arguments donnés dans l'extrait ci-dessus et donnez votre avis en parlant de vos expériences personnelles.

Deuxième partie : Dialogue

Situation B:
La société actuelle se voit confrontée à des problèmes différents qui touchent surtout les jeunes :
la surconsommation d'alcool, l'addiction aux médias, le manque de perspectives professionnelles etc.

Avec votre correspondant(e), vous discutez la question : « Faut-il se faire du souci pour l'avenir des jeunes ? »
Vous êtes plutôt sceptique. Défendez votre position.

Défis de l'avenir : les médias

Einzel-/Tandemprüfung

Partenaire A

Les jeunes et les Smartphones

Presque tous les jeunes ont un Smartphone ou une tablette, c'est devenu un outil
5 indispensable pour « paraître ». Un élève sur quatre possède un iPad, et 90% un smartphone. Jouer, prendre des notes pour les cours ou faire des recherches,
10 communiquer, faire du sport, prendre des photos, lire, écouter de la musique, regarder des films… Les jeunes utilisent maintenant leurs appareils
15 mobiles pour chaque geste du quotidien et garde à tout instant un œil rivé à leurs écrans. Souvent, ils ne s'imaginent même pas que tout cela était
20 et reste possible sans ! On comprend mieux pourquoi ne pas en posséder est devenu un facteur d'exclusion important chez les jeunes.

Première partie : Monologue

Présentez la photo.
Dans la vie quotidienne, beaucoup de jeunes se servent des nouvelles technologies. Résumez les utilisations mentionnées dans l'extrait ci-dessus et donnez votre avis personnel sur le sujet abordé.

Deuxième partie : Dialogue

Situation A:
Comment voyez-vous le rôle de la société, des professeurs et des parents quant à une éducation critique vis-à-vis des médias ?

Vous discutez avec un(e) ami(e). Vous êtes d'avis que l'école et les parents jouent un rôle important pour protéger les jeunes contre les mauvaises influences de médias. Défendez et justifiez cette position en donnant des exemples concrets.

Défis de l'avenir : les médias

Einzel-/Tandemprüfung

Partenaire B

Happy Slapping

Le Happy Slapping, c'est ce jeu d'adolescents qui consiste à filmer une agression pour ensuite la diffuser sur le net. (...) Des ados un peu paumés, passent leur temps à filmer des défis plus fous et idiots les uns que les autres et à les poster sur leur blog. Avec l'arrivée d'Iris, leurs jeux deviennent de moins en moins anodins et leur révolte de plus en plus palpable.
Perdus dans le chaos d'une société en crise, sans repère ni limite, ces (...) jeunes se voient comme la génération dont personne n'a voulu.

http://www.cryotopsie.be/?p=655

Première partie : Monologue

Présentez la photo.

De plus en plus, le phénomène « happy slapping » est répandu parmi les jeunes. Résumez l'extrait ci-dessus et donnez votre avis personnel sur le sujet abordé.

Deuxième partie : Dialogue

Situation B:
Comment voyez-vous le rôle de la société, des professeurs et des parents quant à une éducation critique vis-à-vis des médias?

Vous discutez avec un(e) ami(e). Vous êtes d'avis que le rôle de l'école et des parents est plutôt faible parce que personne ne peut échapper à l'influence des médias. Défendez et justifiez cette position en donnant des exemples concrets.

Vivre dans un pays francophone : aspects politiques

Einzel-/Tandemprüfung

Partenaire A

Ce que les jeunes attendent de François Hollande

Abrogation de la « circulaire Guéant », créations de postes
5 dans l'Éducation nationale, mariage homosexuel. Une semaine après l'élection de François Hollande qui s'est dit vouloir être « le Président
10 de la jeunesse », des étudiants confient leurs espoirs et leurs craintes.

la circulaire Guéant le fait de limiter la possibilité pour les étudiants étrangers diplômés de travailler en France

© NORD ECLAIR. 14/05/2012. HEDWIGE HORNOY

Première partie : Monologue

Présentez la photo.
Parlez des espoirs des jeunes face à leur Président mentionnés dans le texte ci-dessus.
Est-ce qu'il y des attentes similaires en Allemagne envers le gouvernement actuel parmi les jeunes ?
Pourquoi (pas) ? Justifiez votre réponse.

Deuxième partie : Dialogue

En dehors du vote à 16 ans, comment pourrait-on mobiliser les jeunes pour la politique et éveiller leur engagement pour des organisations et projets politiques ? Pensez aux mesures qui pourraient vous motiver personnellement. Discutez avec votre partenaire.

Vivre dans un pays francophone : aspects politiques

Einzel-/Tandemprüfung

Partenaire B

À quel âge le droit de vote ?

La ministre de la Famille, Dominique Bertinotti, a annoncé cette semaine réfléchir à un statut de pré-majorité.
5 Ce statut concernerait les 16-18 ans et leur offrirait la possibilité de voter dès 16 ans. Accorder le droit de vote aux moins de 18 ans ? 82% des Français sont catégoriquement
10 contre.
Mais la ministre va encore plus loin et propose une réflexion bien plus générale. « C'est beaucoup plus le constat qu'aujourd'hui nous avons
15 des jeunes et des adolescents qui peuvent commencer à travailler à 16 ans, dont la majorité sexuelle est à 15 ans, avec des droits dans certains cas, mais aussi des incapacités dans d'autres. »

Première partie : Monologue

Présentez la photo.
Voter à l'âge de 16 ans ? Pesez le pour et le contre de cette question en tenant compte des arguments avancés dans le texte ci-dessus.

Deuxième partie : Dialogue

Discutez avec votre partenaire.
En dehors du vote à 16 ans, comment pourrait-on mobiliser les jeunes pour la politique et éveiller leur engagement pour des organisations et projets politiques ? Pensez aux mesures qui pourraient vous motiver personnellement.

(R-)Évolutions historiques et culturelles : la France, l'Allemagne et l'Europe

Einzel-/Tandemprüfung

Partenaire A

La chance d'être unis

« Notre chance, c'est d'être unis », a souligné la chancelière, tandis que François Hollande proposait, comme Charles de Gaulle à l'époque, de « franchir ensemble une nouvelle porte sur des années qui rendront encore plus étroite l'amitié entre deux nations ». « Nous n'héritons pas d'une amitié, nous la renouvelons à chaque generation », a-t-il ajouté devant des centaines de Rémois réunis sur le parvis
5 de la cathédrale gothique très ouvragée, gravement endommagée durant la Première Guerre mondiale. Le Président, comme la chancelière, ont dit vouloir bâtir un pont entre la réconciliation d'hier et la construction européenne. « Nous devons aujourd'hui parachever au niveau politique l'union économique et monétaire. C'est un travail digne d'Hercule mais l'Europe en est capable », a assuré Angela Merkel.

© www.20minutes.fr

1 **les Rémois** les habitants de Reims

Première partie : Monologue

Présentez les photos.
Expliquez les idées centrales du texte ci-dessus.
Ensuite, parlez de l'état actuel des relations franco-allemandes. À la fin, donnez votre opinion personnelle concernant l'avenir de l'amitié entre les deux pays.

Deuxième partie : Dialogue

Dans quel sens pourriez-vous profiter personnellement de l'amitié franco-allemande dans l'avenir ?
Pensez à vos études, votre vie professionnelle et privée. Présentez vos idées à votre partenaire et discutez des avantages et des impondérabilités possibles

(R-)Évolutions historiques et culturelles : la France, l'Allemagne et l'Europe

Einzel-/Tandemprüfung

Partenaire B

Les Allemands vus par les Français
« Les Allemands sont plus écolos que les Français. »
« Les Allemands ne roulent qu'en Mercedes ou en BMW. »
« Les Allemands ne boivent que de la bière. »

5 **Les Français vus par les Allemands**
« Les Français sont toujours en grève ou en vacances. »
« Le fromage est l'aliment de base des Français. »
« Les Français sont nuls en langues étrangères. »

http://www.elysee50.de/Idees-recues-sur-la-France-et-l,6764.html

Première partie : Monologue

Présentez la photo.
À partir du texte ci-dessus, exposez les idées reçues sur la France et l'Allemagne.
Comment peut-on éviter les préjugés ? Donnez des exemples concrets.

Deuxième partie : Dialogue

Dans quel sens pourriez-vous profiter personnellement de l'amitié franco-allemande dans l'avenir ?
Pensez à vos études, votre vie professionnelle et privée. Présentez vos idées à votre partenaire et discutez des avantages et des impondérabilités possibles.

Vivre dans un pays francophone : la diversité régionale

Einzel-/Tandemprüfung

Partenaire A

Pourquoi le Maroc ?

Traverser le détroit de Gibraltar par la voie des airs ou celle de la mer pour entrer au royaume des milles et une nuit, bien des raisons peuvent nous y pousser. Ce pays multiculturel regorge d'influences diverses, arabes, françaises, africaines. Elles s'unissent pour donner naissance à cette culture unique, la culture marocaine.

Le Maroc se distingue par ses contrastes de couleurs, d'odeurs, de lieux, mais aussi de saveurs par sa cuisine surprenante que vous ne manquerez pas d'apprécier si vous vous y rendez.

Première partie : Monologue

Présentez la photo.
La francophonie est un espace très riche et donc très intéressant à découvrir. Exposez les aspects attrayants nommés par l'auteur et comparez-les à vos idées personnelles sur le Maghreb.

Deuxième partie : Dialogue

Après le bac, vous avez l'intention de partir ensemble dans un pays francophone pour participer à un projet social ou écologique.
Quel pays francophone vous attirerait le plus ?
Mettez-vous d'accord avec votre partenaire sur un pays et un projet qui pourraient vous intéresser tous les deux.

Vivre dans un pays francophone : la diversité régionale

Einzel-/Tandemprüfung

Partenaire B

Les vacances au Canada, un dépaysement assuré

Avec un territoire de plus de 9 millions de km² de montagnes, de canyons, de lacs et de torrents mais aussi de forêts et de vastes prairies, le Canada offre une variété de paysages exceptionnelle
5 pour des vacances au Canada réussies.

Il n'est pas surprenant que plus de 20 millions de touristes viennent chaque année passer leurs vacances au Canada. Qu'ils soient passionnés de nature et d'espaces vierges à perte de vue, ou plutôt tentés de connaître le pays à travers ses grandes villes (…).
Passer des vacances au Canada, c'est aller à la rencontre de ses villes, de sa nature, et surtout des Canadiens si accueillants et attachants.

www.grand-elan.com

Première partie : Monologue

Présentez la photo.
La francophonie est un espace très riche et donc très intéressant à découvrir. Exposez les aspects nommés dans le texte ci-dessus et comparez-les à vos idées personnelles sur le Canada francophone.

Deuxième partie : Dialogue

Après le bac, vous avez l'intention de partir ensemble dans un pays francophone pour participer à un projet social ou écologique.
Quel pays francophone vous attirerait le plus ?
Mettez-vous d'accord avec votre partenaire sur un pays et un projet qui pourraient vous intéresser tous les deux.

Vivre dans un pays francophone : la diversité régionale

Einzel-/Tandemprüfung

Partenaire A

Marseille, capitale européenne de la culture… ou de la spéculation ?

Profitant du label de capitale européenne de la culture, accordé en 2013, la cité phocéenne
5 réhabilite à tout va. Si les vastes projets de rénovation urbaine font le bonheur de la spéculation immobilière, il n'en est pas de même pour les habitants des
10 quartiers populaires historiques du centre-ville. Absence de concertation et exclusions accompagnent les réhabilitations. Quant aux projets culturels, ils
15 servent davantage l'attractivité touristique que le bien-être des habitants.

Basta! www.bastamag.net

Première partie : Monologue

Présentez la photo.
À l'aide du texte ci-dessus, parlez des avantages et des inconvénients de la nomination de Marseille comme capitale européenne de la culture 2013.
Comment pourrait-on mieux réussir un tel défi ? Imaginez quelques démarches que vous jugez prometteuses et expliquez-les.

Deuxième partie : Dialogue

Pour récompenser vos efforts scolaires, votre professeur vous propose de faire un voyage en France après le bac.
Il vous demande de lui présenter un projet concret qui correspond à vos envies et idées.
Avec votre partenaire, mettez-vous d'accord sur les détails (vos buts, la destination, la date, les moyens de transport, le budget, l'hébergement, les activités etc.).

Vivre dans un pays francophone : la diversité régionale

Einzel-/Tandemprüfung

Partenaire B

L'histoire du Mont Saint-Michel

Depuis mille ans, le Mont Saint-Michel domine la mer et protège la côte française des ennemis. Son histoire fascinante montre à la fois de la foi, du courage et des talents humains extraordinaires. La « Merveille de l'Occident » est un chef-d'œuvre du patrimoine mondial de l'humanité pour lequel les Bretons et les Normands se disputent toujours.

L'Abbaye du Mont-Saint-Michel est toujours utilisée par un ordre religieux, chaque jour, elle est visitée par de nombreux touristes qui viennent admirer le panorama et l'architecture de ce bâtiment très spécial autour duquel s'est construit toute la ville.

Première partie : Monologue

Présentez la photo.
La richesse du patrimoine : Exposez les aspects mentionnés dans le texte ci-dessus.
Quels autres sites touristiques à valeur historique exceptionnelle connaissez-vous en France ?
Choisissez-en deux et présentez-les en détail.

Deuxième partie : Dialogue

Pour récompenser vos efforts scolaires, votre professeur vous propose de faire un voyage en France après le bac.
Il vous demande de lui présenter un projet concret qui correspond à vos envies et idées.
Avec votre partenaire, mettez-vous d'accord sur les détails (vos buts, la destination, la date, les moyens de transport, le budget, l'hébergement, les activités etc.).

Défis et visions de l'avenir : l'écologie

Einzel-/Tandemprüfung

Partenaire A

AVEC LES OGM, PRÉPARONS L'ALIMENTATION DE DEMAIN

Alimentation : quels risques présentent les OGM pour notre santé ?

Après 20 ans de commercialisation, les organismes génétiquement modifiés (OGM) représentent déjà 175 millions d'hectares (soja, maïs, coton) répartis sur toute la planète. Des dangers ?
C'est évident qu'il y en a pour l'environnement, la contamination des espèces non transgéniques ou la
5 standardisation de l'agriculture.
Mais quels sont les dangers pour la santé humaine ?
Après 20 ans, aucun organisme n'a pu établir une étude à long terme sur le sujet. On n'a pas pu prouver si les OGM sont dangereux pour l'homme ou pour les animaux. Toutefois, beaucoup de spécialistes s'accordent à dire que les risques potentiels sont réels.

Première partie : Monologue

Présentez l'illustration.
Se nourrir de façon équilibrée devient de plus en plus important dans la société.
D'après vous, quels sont les facteurs qui caractérisent les risques des OGM ?
Présentez-les en tenant compte des informations du texte ci-dessus et donnez aussi d'autres exemples.

Deuxième partie : Dialogue

Nous prenons de plus en plus conscience du fait que notre planète est menacée.
Comment peut-on lutter pour un meilleur avenir de la planète ?
Discutez des mesures possibles à un niveau personnel et politique.
À la fin, mettez-vous d'accord sur celle qui vous paraît la plus urgente et parlez-en en détail.

Défis et visions de l'avenir : l'écologie

Einzel-/Tandemprüfung

Partenaire B

Le taux de recyclage des plastiques

On recycle moins de 20 % du plastique en France en 2012 : le reste, soit 3,3 millions de tonnes, finit en décharge ! La France est classée à une médiocre 21ème place européenne malgré quelques progrès (le taux de recyclage était de 17,5 % en 2000).
5 Mais au rythme actuel, il faudrait entre 20 et 40 ans pour parvenir à 100 % de recyclage du plastique en France.

www.consoglobe.com

Première partie : Monologue

Présentez la photo.
Le recyclage est un enjeu important pour protéger l'environnement.
Parlez des faits exposés dans l'extrait donné et comparez la situation en France à celle en Allemagne.

Deuxième partie : Dialogue

Nous prenons de plus en plus conscience du fait que notre planète est menacée.
Comment peut-on lutter pour un meilleur avenir de la terre ?
Discutez des mesures possibles à un niveau national et international.
À la fin, mettez-vous d'accord sur celle qui vous paraît la plus urgente et parlez-en en détail.

Bildquellennachweis

27 Fotolia.com (apops), New York; **28** Fotolia.com (davidundderriese), New York; **29** Wikimedia Commons (Erich Lessing Culture and Fine Arts Archives via artsy.net); **30.1** Wikimedia Commons (HaguardDuNord); **30.3** Wikimedia Commons (Carobecquart); **31** Gabrielle, Un film de Louise Archambault, Haut et Court Distribution; **32** Shutterstock (Skydive Erick), New York; **33** Shutterstock (nacroba), New York; **34** dessin de Brunor; **35** Shutterstock (Helder Almeida), New York; **36** Dreamstime.com (Jasonjung), Brentwood; **37** Wikimedia Commons (Roman Bonnefoy); **38** Shutterstock (Olga Besnard), New York; **40** Shutterstock (David Evison), New York; **41** Shutterstock (Arcady), New York; **42** Dreamstime.com (Tomas Marek), Brentwood; **43** Dreamstime.com (Unknown1861), Brentwood; **44.1** DELIGNE; **45** Shutterstock (ruzanna), New York; **46** Shutterstock (everything possible), New York; **47** Shutterstock (Protasov AN), New York; **48** Shutterstock (Syda Productions), New York; **49** Fotolia.com (olesiabilkei), New York; **50** ww.actualitte.com; **51** Corbis (Korotayev Artyom/ITAR-TASS Photo), Düsseldorf; **52** Dreamstime.com (Tylor Olson), Brentwood; 53 iStockphoto (VBStock), Calgary, Alberta; **54** Corbis (POOL/Reuters), Düsseldorf; **55** Shutterstock (Natursports), New York; **56.1** Corbis (Benjamin Hiller), Düsseldorf; **56.2** Bundesarchiv, B 145 Bild-F015892-0010 / Ludwig Wegmann / CC-BY-SA 3.0; **57** iStockphoto (franckreporter), Calgary, Alberta; **58** Shutterstock (Prometheus72), New York; **59.1** Dreamstime.com (Wmj82), Brentwood; **59.2** Dreamstime.com (Songquan Deng), Brentwood; **60** Corbis (Hulton-Deutsch Collection), Düsseldorf; **61.1** Wikimedia Commons (Thomas Gun); **61.2** iStockphoto (Pshenichka), Calgary, Alberta; **62** Dreamstime.com (Jibmeyer), Brentwood; **63** iStockphoto (Norbert Bieberstein), Calgary, Alberta; **64** Nawak Illustrations; **65** Shutterstock (Olga Selyutina), New York; **86** Nicolas BONZOM; **87** AIDES/TBWA, Paris; **91.1** Shutterstock (Phatic-Photography), New York; **91.2** Shutterstock (Nagy-Bagoly Arpad), New York; **91.3** Shutterstock (Kamira), New York; **91.4** Shutterstock (vidguten), New York; **91.5** Shutterstock (duchy), New York; **94** Shutterstock (Horoscope), New York; **99** Shutterstock (Zyankarlo), New York; **102** Fotolia.com (igor), New York; **103** Fotolia.com (aleutie), New York; **104** Shutterstock (Lisa S.), New York; **105** Shutterstock (Nobor), New York; **106** Fotolia.com (sester1848), New York; **110** Fotolia.com (pixarno), New York